일도 커리어도 놓치지 않는
당신을 위한 실전 성장 가이드

# 일___잘하는 직장인

## 일 잘하는 직장인

**초판 발행** • 2025년 11월 17일

**지은이** • 일머리스쿨(송경이, 유진희)
**펴낸이** • 이지연
**펴낸곳** • 이지스퍼블리싱(주)
**출판사 등록번호** • 제313-2010-123호
**주소** • 서울시 마포구 잔다리로 109 이지스 빌딩 3층
**대표전화** • 02-325-1722 | **팩스** • 02-326-1723
**홈페이지** • www.easyspub.co.kr | **Do it! 스터디룸 카페** • cafe.naver.com/doitstudyroom
**인스타그램** • instagram.com/easyspub_it | **엑스(구 트위터)** • x.com/easys_IT
**페이스북** • facebook.com/easyspub

**총괄** • 최윤미 | **기획** • 이수경 | **책임편집** • 지수민 | **기획편집 1팀** • 임승빈, 이수경, 지수민
**교정교열** • 박명희 | **표지 디자인** • 김보라 | **본문 디자인** • 트인글터 | **인쇄** • 미래피앤피
**마케팅** • 권정하 | **독자지원** • 박애림, 이세진, 김수경
**영업 및 교재 문의** • 이주동, 김요한(support@easyspub.co.kr)

- 잘못된 책은 구입한 서점에서 바꿔 드립니다.
- 이 책에 실린 모든 내용, 디자인, 이미지, 편집 구성의 저작권은 이지스퍼블리싱(주)과 지은이에게 있습니다.

 이 책을 저작권자의 허락 없이 무단 복제 및 전재(복사, 스캔, PDF 파일 공유)하면 저작권법 제136조에 따라 **5년** 이하의 징역 또는 **5천만 원** 이하의 벌금을 부과할 수 있습니다. 무단 게재나 불법 스캔본 등을 발견하면 출판사나 한국저작권보호원에 신고해 주십시오(불법 복제 신고 https://www.copy112.or.kr).

**ISBN** 979-11-6303-782-8
**가격** 18,000원

모른다고 기죽지 마세요.
그게 바로 다른 사람과 차별화할 수 있는
당신의 가장 큰 장점이니까요.

Don't be intimidated by what you don't know.
That can be your greatest strength.

**세라 블레이클리**(Sara Blakely)
2012년 〈타임〉 선정 '전 세계에서 가장 영향력이 큰 100인'

### 머리말

## 나의 성장과 조직의 인정, 두 마리 토끼를 모두 잡는 '일 잘하는 법'을 알려 드립니다!

우리는 어떤 사람을 보고 '일 잘한다'라고 생각할까요? 누군가는 보고서를 빨리 쓰는 사람을, 또 누군가는 상사의 의도를 정확히 파악하는 사람을 '일 잘한다'라고 합니다. 그런데 정작 우리는 이런 '일 잘하는 법'을 어디서도 체계적으로 배우지 못합니다. 학교에서도, 신입사원 교육에서도 제대로 알려 주지 않죠. 대부분은 직접 부딪히고 시행착오를 거치면서 배웁니다.

**'일 잘하는 사람'에게는 공통점이 있습니다**

저희도 그랬습니다. 한 사람은 전략기획 업무를 맡아 수많은 보고서를 쓰고, 또 수없이 피드백을 받으며 보고의 중요성을 체득했습니다. 또 한 사람은 교육과 운영정책 수립, 조직문화 개선 업무를 맡아 사람과 일, 그리고 시스템이 맞물리는 과정을 겪으며 소통의 중요성을 체득했습니다. 이렇듯 두 사람이 서로 다른 분야에서 15년 넘게 일하며 깨달은 '일 잘하는 사람'의 특징은 바로 본질을 파악한 뒤 상대방이 이해하고 실행할 수 있는 형태로 보고서를 작성하고, 소통한다는 것입니다.

때로는 짧고 단순한 문장이 조직의 의사결정을 바꾸는 힘이 되기도 했고, 같은 내용을 담아도 표현 방식과 맥락에 따라 결과가 완전히 달라지기도 했습니다. 또한 소통 과정에서는 태도만으로도 수많은 갈등 상황이 해소되는 귀중한 경험도 했죠. 이런 저희의 경험을 담아 직장인을 대상으로 한 교육을 기획했고, 많은 분의 사랑을 받아 책 집필까지 해낼 수 있었습니다.

**강의 속 질문에서 찾은 '일 잘하는 법'을 속 시원히 알려 드립니다**
그래서 **이 책은 갓 입사한 팀원뿐만 아니라 경력자와 리더도 도움받을 수 있는 내용으로 구성했습니다.** 그간 여러 기업에서 실시한 강의를 진행하면서 받은 질문에 착안하여 나의 성장과 회사에서 인정받는 '일 잘하는 법'에 관한 아이디어를 모았습니다. 회사에서 여러 사람들과 소통하는 방법을 비롯해 조직에서 생길 수 있는 다양한 상황에 대처하는 방법을 가장 먼저 살펴본 뒤, 보고의 목적을 명확히 하고 상황에 맞는 메시지를 작성하는 방법을 알아봅니다. 마지막으로 보고할 자료를 효율적으로 구성하고 시각화하는 방법까지 배우고 나면 회사생활 전반을 관통하는 원칙을 깨달을 수 있습니다.

**조직 내에서 자신의 역할을 재정립하고 싶은 사람, 팀을 이끌며 성과를 만들어야 하는 사람, 후배를 가르치며 성장의 방향을 제시해야 하는 사람 모두에게 이 책이 유용할 것입니다.** 결국 '일 잘하기'는 특정 직급이나 직무에 한정된 능력이 아니라 회사에서 일하는 모든 사람에게 필요한 보편적인 주제이기 때문입니다.

**이 책으로 회사에서 '성장'하고 '인정'받는 노하우와 통찰을 배우세요!**
우리는 회사에서 하루의 절반 이상을 보냅니다. 그 시간을 단순히 '버티는 시간'이라고만 생각하면 일은 늘 고되고 지칠 수밖에 없습니다. **그 시간을 '성장하는 시간', '인정받는 시간'으로 만들 수 있다면 회사는 더 이상 버텨야 하는 곳이 아니라 배움의 장이 됩니다.** 회사생활은 결코 쉽지 않습니다. 하지만 동시에 스스로 단련하고 성장할 수 있는 가장 현실적인 무대이기도 합니다.

저희는 이 책이 독자 여러분에게 그 무대를 더 넓고 깊게 바라보는 눈을 열어 줄 수 있을 것이라 자부합니다. 책을 덮을 즈음에는 **보고서 한 장을 쓰는 속도뿐만 아니라 회의에서 발언하는 자신감, 문제를 정의하는 안목, 사람과 상황을 읽는 감각까지 한층 성장해 있을 것입니다.** 저희가 현장에서 부딪히며 배운 노하우와 통찰을 통해 독자 여러분이 더 빠르게, 그리고 더 멀리 나아갈 수 있기를 진심으로 바랍니다.

일머리스쿨(송경이, 유진희) 드림

차례

## 01 회사생활, 이 정도는 기본으로 알아 두세요!

- 01 · 모든 게 자율, 어디까지 해도 괜찮을까요? ········ 16
- 02 · 인사는 만날 때마다 해야 하나요? ········ 22
- 03 · 회사 사람들과 좋은 관계를 맺고 싶어요 ········ 25
- 04 · 궁금한 게 너무 많아요. 이것까지 물어봐도 될까요? ········ 30
- 05 · 도와주세요. 잘 모르는 업무를 요청받았어요! ········ 34
- 06 · 실수를 했는데, 어떻게 대처해야 할지 모르겠어요 ········ 37
- 07 · 회사에서 전화받는 것이 두려워요 ········ 41
- 08 · 호칭은 어떻게 사용해야 하나요? ········ 45
- 09 · 연차는 맘껏 써도 되나요? ········ 49
- 10 · 퇴근하려고 하는데 눈치가 보여요 ········ 54
- 11 · 어떤 마음가짐으로 회사생활을 해야 할까요? ········ 57

일머리스쿨의 비밀 자료 01  커뮤니케이션 필수 용어 모음집 ········ 60

## 02 슬기로운 직장생활을 위한 소통과 협업 노하우

- 12 · 생각을 논리적으로 전달하고 싶어요 ········ 68
- 13 · 제가 하는 말이 이해되지 않는대요. 해결 방법이 없을까요? ········ 74

| 14 • 갈등이 생겼는데, 어떻게 대처해야 할지 모르겠어요 | 79 |
| 15 • 보고는 업무를 완료한 후에 하면 되나요? | 84 |
| 16 • 업무 마감일을 관리하는 방법이 있나요? | 89 |
| 17 • 팀장님이 선호하는 업무 방식을 알고 싶어요 | 93 |
| 18 • 존재감 없는 업무만 하는 것 같아서 의욕이 떨어져요 | 96 |
| 19 • 부당하다고 느낀 순간, 어떻게 말해야 할까요? | 100 |
| 일머리스쿨의 비밀 자료 02  문서 버전과 폴더 관리 노하우 | 104 |

##  일 잘하는 팀원의 비밀, 업무 소통

| 20 • 첫 외부 미팅, 뭘 준비해야 할까요? | 110 |
| 21 • 회의 준비는 어떻게 하나요? | 115 |
| 22 • 회의록은 꼭 작성해야 하나요? | 119 |
| 23 • 업무 요청을 받았는데, 바로 답변해야 하나요? | 124 |
| 24 • 이메일을 잘 쓰고 싶어요! | 128 |
| 25 • 상황별 이메일은 어떻게 쓰나요? | 133 |
| 26 • 유관 부서에 업무 요청하는 방법을 알려 주세요! | 139 |

차례

## 04 일 잘하는 직장인은 보고서로 대화한다!

보고서 작성의 달인이 될래요!

- **27** • 보고받는 사람을 위한 문서, 보고서 ········ 148
- **28** • 보고서는 기획이 반이다! ········ 152
- **29** • 자료 조사를 할 때에도 준비할 게 있어요 ········ 156
- **30** • 자료 조사를 완벽하게 하는 방법 ········ 161
- **31** • 보고서의 기본 구성 요소 파헤치기 ········ 168
- **32** • 요약의 정수, 1페이지 보고서 ········ 172
- **33** • 데이터가 중요한 보고서는 어떻게 작성해야 할까요? ········ 182
- **34** • 통과를 부르는 기획서 작성법 ········ 188
- **35** • 100점짜리 보고서의 글쓰기 기술 ········ 199
- **36** • 줄글도 있어 보이게 만드는 표 활용법 ········ 206
- **37** • 보고서에 날개를 달아 주는 도형 활용법 ········ 212
- **38** • 성과를 돋보이게 하는 그래프 활용법 ········ 219
- **39** • 실전! 보고서 시각화 따라 하기 ········ 227

**일머리스쿨의 비밀 자료 03** 바쁜 업무에 생성형 AI 활용하기 ········ 233
**일머리스쿨의 비밀 자료 04** 보고서를 채울 무료 이미지 웹 사이트 6개 ········ 236

**05 성장을 위한 커리어 설계와 준비하기**

어디서나 탐내는 인재로 거듭나고 싶어요!

- 40 • 경력을 탄탄하게 쌓으려면 어떻게 해야 하나요? ········ 242
- 41 • 경력 기술서, 이직할 때만 필요한가요? ················ 246
- 42 • 면접을 잘 보는 비결이 있나요? ····················· 252

**에필로그**

한 발짝 더 성장한, 그리고 앞으로 더 성장할 여러분께 ········ 260

---

**저자의 온라인 강의도 수강해 보세요!**

저자의 목소리를 직접 들으며 직장생활 팁을 얻고 싶은 사람이라면 동영상 강의(유료)를 추천합니다. 온라인 강좌 플랫폼 탈잉에서 저자의 강의를 만나 보세요. 오른쪽 QR코드를 통해 접속하면 10% 할인을 받을 수 있습니다.

저자 직강 탈잉 강의: taling.me/talent/61622

### 경력에 따른 추천 독서법

이 책은 신입사원뿐만 아니라 업무 노하우가 필요한 1~5년 차 팀원과 상급자 모두에게 유익한 내용으로 구성했습니다. 회사생활에서 고민거리가 있다면 경력에 따라 다음 순서대로 책을 읽어 보세요. 자신에게 해당하는 부분을 먼저 읽어도 됩니다.

**첫 출근! 적응이 무엇보다 중요한 신입사원이라면?**
직장인이 된 첫날! 호칭은 어떻게 사용해야 할지,
직급은 언제 다 외울지 고민되나요?
처음부터 꼼꼼히 읽으며 회사생활이란 무엇인지 파악해 보세요!

**업무 능력을 빠르게 길러야 하는 1~3년 차라면?**
직장생활에는 잘 적응했지만, 여전히 '제 몫'을 무사히 해내야
한다는 점 때문에 고민이 많은가요?
01장~05장의 내용을 완벽하게 복습하기를 추천합니다!

**커리어 고민이 많은 4~5년 차라면?**
'이 길이 맞는 길인가?' 하는 고민의 늪에 빠진 당신!
번아웃 징조가 보이기 전, 경력 관리에 긴급 처방을 해야 합니다.
04장~05장의 내용이 큰 도움이 될 거예요!

**팀원이 무엇을 고민하는지 알고 싶은 상급자라면?**
어느덧 관리자가 되어 신입사원 때 했던 고민이
기억조차 나지 않는 당신! 팀원의 고민을 이해하고 싶나요?
01장~03장의 내용을 점검하며 세심하게 살펴보세요!

독자 지원

### 스터디룸에 방문하면 소통하며 성장!

cafe.naver.com/doitstudyroom

### 이지스 블로그에서 유용한 정보 무료 제공! blog

blog.naver.com/easyspub_it

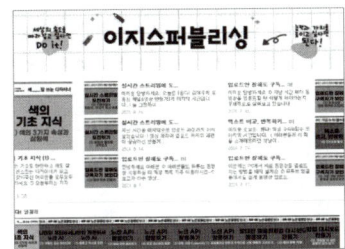

### 인스타그램 팔로우하면 이벤트 소식 확인!

instagram.com/easyspub_it

### 이지스 유튜브 구독하면 IT 강의 무료 수강!

youtube.com/easyspub

---

## 온라인 독자 설문

오른쪽 QR코드를 스캔하여 이 책에 대한 의견을 보내 주세요. 독자 여러분의 칭찬과 격려는 큰 힘이 됩니다. 더 좋은 책을 만들도록 노력하겠습니다.
의견을 남겨 주신 분께 드리는 혜택 6가지!

① 추첨을 통해 소정의 선물 증정
② 이 책의 업데이트 정보 및 개정 안내
③ 저자가 보내는 새로운 소식
④ 출간될 도서의 베타테스트 참여 기회
⑤ 출판사 이벤트 소식
⑥ 이지스 소식지 구독 기회

'일머리스쿨'의 강의를 들은 사람들의 찬사!

## "이 강의 하나만 들었는데 회사 고민이 해결됐어요!"

현업에서 10년 넘게 일한 강사님이어서 강의 퀄리티가 달랐습니다. **현재 진행하는 업무의 보고서를 예시로 보여주셔서 더 와닿았습니다.** 보고의 꿀팁 등 회사생활 팁까지 알려주셔서 아주 유용했습니다.

— 정*미 님

**사회 초년생이 꼭 들어야 할 수업입니다.** 이대로만 따라 해도 일 잘하는 사원이란 평가를 받을 수 있을 거예요! 이런 훌륭한 사수 없이 근무해 온 지난 세월이 서럽네요ㅎㅎ

— kh**ung 님

**회사에서 사수나 선배가 없거나 있어도 가르쳐 주지 않는다면 이 강의가 정말 큰 도움이 될 것입니다.** 입사 전에 알았더라면 얼마나 좋았을까 정말 아쉬웠습니다.

— 김*미 님

평소 보고서, 제안서를 작성할 때 고민을 많이 했는데 궁금증이 해결되었습니다. 선, 네모, 세모만으로도 논리적이고 **훌륭한 보고서를 만들 수 있다는 것을 이 수업에서 배웠습니다.**

— 근* 님

### 일러두기

일부 용어는 빠른 이해를 위해 국립국어원의 표준어를 따르지 않고 실제 업무에서 빈번하게 사용하는 것으로 교체했습니다.

# 01

## 회사생활, 이 정도는 기본으로 알아 두세요!

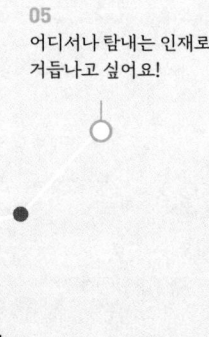

**05**
어디서나 탐내는 인재로
거듭나고 싶어요!

**02 & 03**
일잘러가 되고 싶어요!

**04**
보고서 작성의
달인이 될래요!

**01**
예쁨받고 싶어요!

우여곡절 끝에 취업에 성공한 여러분, 축하합니다! 신입사원 교육은 받았지만 출근할 때 회사에는 정시에 도착하면 되는지, 인사는 언제 해야 하는지, 휴가는 어떻게 사용하는지 궁금한 게 너무 많죠? 이것저것 눈치 보느라 정신없는 여러분을 위해 회사에 빠르게 적응해서 1등 직원으로 거듭날 수 있는 11가지 회사력 레벨 업 강의를 시작해 보겠습니다.

01 · 모든 게 자율, 어디까지 해도 괜찮을까요?
02 · 인사는 만날 때마다 해야 하나요?
03 · 회사 사람들과 좋은 관계를 맺고 싶어요
04 · 궁금한 게 너무 많아요. 이것까지 물어봐도 될까요?
05 · 도와주세요. 잘 모르는 업무를 요청받았어요!
06 · 실수를 했는데, 어떻게 대처해야 할지 모르겠어요
07 · 회사에서 전화받는 것이 두려워요
08 · 호칭은 어떻게 사용해야 하나요?
09 · 연차는 맘껏 써도 되나요?
10 · 퇴근하려고 하는데 눈치가 보여요
11 · 어떤 마음가짐으로 회사생활을 해야 할까요?

일머리스쿨의 비밀 자료 01    커뮤니케이션 필수 용어 모음집

## 01
## 모든 게 자율,
## 어디까지 해도 괜찮을까요?

**오늘의 목표**

☑ 회사생활의 기본 에티켓 숙지하고 좋은 인상 남기기

최근 회사에서는 자율 복장, 자율 출퇴근, 자율 좌석제 등 효율적인 업무 문화를 위해 '자율'을 강조합니다. 하지만 자율을 아무리 강조한다 해도 자유로움과 다르고, 직장인에게는 기본으로 지켜야 하는 에티켓이 있습니다. 이번에는 직장생활에서 꼭 지켜야 할 몇 가지 에티켓을 알아보겠습니다.

## 복장은 TPO에 맞도록 자유롭게 입어요

자율 복장제의 기준은 회사 분위기나 직무의 성격에 따라 다르므로 정답은 없습니다. 그러다 보니 어디까지 자유로울 수 있는지 궁금해하는 경우도 많습니다. 흔한 예로 "출근할 때 민소매, 핫팬츠를 입거나 슬리퍼를 신어도 괜찮나요?"라는 질문을 받기도 하죠.

회사에서 자율 복장제를 실시한다 해도 TPO는 꼭 지켜야 합니다. TPO란 Time, Place, Occasion의 줄임말로 시간, 장소, 상황을 말합니다. 영업직이거나 외부 미팅이 잦아 옷차림에 격식이 필요한 직군이라면 그에 따라 복장을 적절히 맞추는 센스가 중요합니다. '우리 회사는 자율 복장제를 시행하고 있으니 내 스타일대로 하면 되겠지!'가 아니라 TPO에 맞는 선에서 자유롭게 선택하는 게 좋겠죠. 그래도 어떻게 해야 할지 잘 모르겠다면 주변 동료들을 살펴보세요. 그와 비슷한 정도로 격에 맞게 차려입는다고 생각하면 금방 감을 잡을 수 있을 것입니다.

## 조금 일찍 도착해 그날의 업무를 정리해 보세요

몇 년 전만 해도 출근 시간은 대부분 9시였습니다. 하지만 최근에는 다양한 근무 시간을 인정하는 유연근무제를 실시하는 회사가 많아서 한 팀에서도 출퇴근 시간이 제각기 다른 경우도 있습니다. 이렇게 팀원이 각자 다른 시간에 업무를 시작하다 보니 '회사에 정시에만 도착하면 된다'는 의견과 '업무 준비 시간을 고려해서 적어도 10분쯤 일찍 오는 것이 맞다'는 주장으로 나뉘기도 합니다. 둘 다 일리가 있는 말이지만 신입사원 때는 챙겨야 할 것도, 배워야 할 것도 많으므로 출근 시간보다 조금 일찍 도착해 하루를 시작하는 것을 추천합니다.

## 업무 시작 전 오늘의 할 일을 정리해 보세요

아침 시간은 당일 업무를 계획하기에 가장 좋은데요. 하루에 5~10분 투자해서 업무 목록을 정리해 두면 그날 처리할 일을 놓치는 실수는 하지 않을 거예요. 이때 업무 목록은 우선순위에 따라 비슷한 종류끼리 그룹화하여 정리해 두면 편리합니다. 업무 목록의 양식에 정답은 없습니다. 노트, 투두리스트 앱, 엑셀 프로그램 등을 이용해 업무의 우선순위가 잘 보이도록 작성하면 됩니다.

**오늘 할 일**
- ○ 필요 내용 확인 후 김 과장님께 이메일
- ○ 가이드 읽고 특이 사항 확인
- ○ 재무 팀장님 미팅 일정 확인

**9월 12일 업무**
- ☑ 할 일 추가
- ○ 1. 예산안 확정하기
- ○ 2. 2Q KPI 수립 여부 확인
- ○ 3. 2H 자기평가 입력
- ○ 4. 워크숍 장소 확인

| 구분 | 우선순위 | 세부 내용 | | |
|---|---|---|---|---|
| 해야 할 일 (오전) | ★★ | XX 교육 요청 이메일 컨펌 | | |
| | ★★★ | 신규 입사자 교육(10:30~16:30) | | |
| | ★★ | 교육 평가서 작성 및 전달 | | |
| | ★ | 인보이스 활용 일자 공유 이메일 전달 | | |
| | ★★★ | XXX 교육 자료 요청 이메일 발송 | | |

해야 할 일을 정리한 예

## 업무 시간에는 업무에만 집중해요

학교 다닐 때 선생님이 딴짓하는 학생을 잘 알아챘던 것처럼, 회사에서 업무 외의 행동을 자주 한다면 상급자나 동료의 눈에 띌 수밖에 없습니다. 사적인 통화, 업무와 관계없는 웹 서핑, 주식 현황 점검, 메신저 등을 자주 들여다보는 모습은 업무에 집중하지 않는 사람으로 보일 수 있어요.

만약 당장 처리할 업무가 없어서 시간이 여유롭다면 오히려 그 시간을 잘 활용해서 업무 능력을 빠르게 향상해 보세요. 잘 구성된 선배들의 문서를 보면서 문서 작성 구조를 익히거나, 업무와 관련된 도서나 자료를 찾아보는 것도 좋은 방법입니다.

## 15분 넘게 자리를 비워야 한다면 팀에 공유해 주세요

회의에 참석하거나 교육받으러 가는 등 15분 이상 자리를 비워야 한다면 상급자에게 미리 사유를 알려야 합니다. 회사는 여러 사람이 협업하는 공간이므로 누가 언제 어디에 있는지를 상급자가 알고 있어야 업무를 요청하거나 외부 손님을 응대할 때 혼선이 생기지 않습니다.

예를 들어 회의나 교육 일정이 있을 경우, 출발하기 전에 "팀장님, 2시 ○○ 회의에 참석해야 해서 잠시 다녀오겠습니다" 또는 "오늘 3시부터 교육이 있어서 1시간 정도 자리를 비울 예정입니다"처럼 간단히 보고하고 이동하는 것이 좋습니다.

만약 업무 때문이 아니라 개인적인 사유로 자리를 비워야 한다면 상급자에게 양해를 구하는 것이 직장 예절의 기본입니다. 이때 양해를 구하는 말투로 상황을 설명하고 업무 연계에 관해 간단히 언급까지 함께 하는 것이 좋습니다. 예를 들어 "팀장님, 몸이 좋지 않아 잠시 병원에 다녀와야 할 것 같은데 괜찮을까요? 업무는 병원 다녀와서 바로 이어서 하겠습니다"라고 말하는 것이 바람직합니다. 이러한 태도는 단순히 허락을 구하는 차원을 넘어, 상급자와 동료에게 자신이 책임감 있고 배려 깊은 사람이라는 인식을 심어 줄 수 있습니다.

만약 반반차나 쿼터 연차처럼 연차를 나눠 쓸 수 있는 회사라면 개인 일로 자리를 비울 때 연차를 사용하라고 안내하는 경우도 있습니다. 이와 관련한 내용은 '09. 연차는 맘껏 써도 되나요?'에서 자세히 설명하고 있으니 참고해 보세요.

### 아침에 5분 정도 늦는다 해도 꼭 보고해 주세요

시간 약속은 회사생활의 기본이라 할 수 있습니다. 특히 출퇴근 시간과 같은 근태는 회사에서 자신의 이미지를 좌우하는 중요한 요소입니다. 따라서 5분 정도만 지각할 것 같아도 상급자에게 보고해야 합니다. 아침 출근 시간이어서 상급자에게 전화하기가 부담스럽다면 메시지라도 보내 두어야 해요. 양해를 구하며 보고해야 하는 상황이므로 **지각 사유, 도착 예정 시간과 함께 '죄송하다' 또는 '빨리 가겠다'와 같은 표현을 포함하면 됩니다.** 이때 도착 예정 시간에 5분 정도를 더해서 이야기하는 것을 추천합니다. 도착 시간을 딱 맞게 얘기했다가 또 맞추지 못하면 다시 한번 죄송하다고 말해야 하기 때문입니다.

다음은 제가 실제로 팀원에게 받은 메시지입니다. 둘 중에 어떤 메시지가 더 나아 보이나요? 이런 상황이라면 장난스러운 말투보다 오른쪽과 같이 지각 사유를 명확히 밝히고 진지한 태도로 보고하는 것이 바람직합니다.

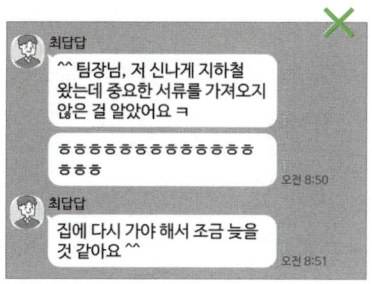

지각 사유를 장난스러운 말투로 보고한 예시

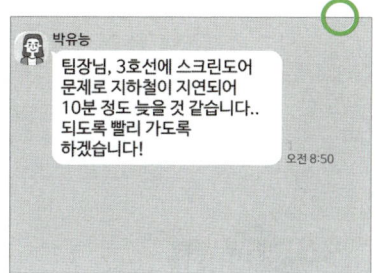

지각 사유를 간결하게 보고한 예시

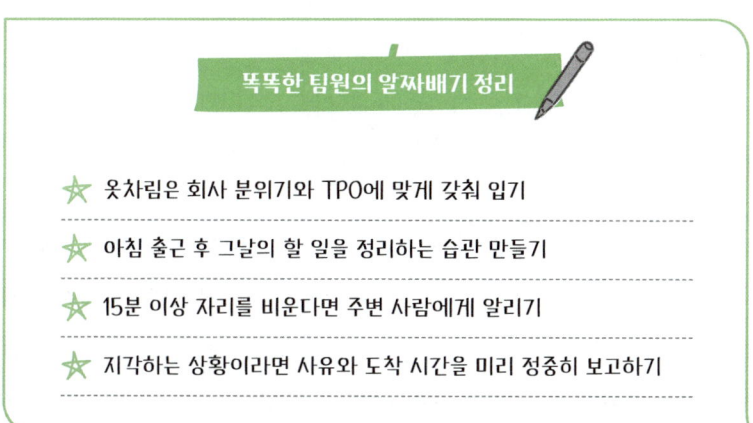

## 02
### 인사는 만날 때마다 해야 하나요?

**오늘의 목표**
☑ 여러 상황에 맞게 인사하는 방법 알아보기

인사는 무관심의 장벽을 허문다고 합니다. 그래서 그런지 부모님은 아이들이 어렸을 때부터 인사를 잘하라고 가르치십니다. 회사에서도 많은 사람과 마주치고, 또 새로운 사람을 만나기도 하는데요. 인사는 사회생활에서 아주 중요한 역할을 합니다. "웃는 얼굴에 침 못 뱉는다"는 속담이 있듯이 상대방이 자신에게 먼저 인사하는 걸 싫어하는 사람은 없습니다. 사무실에 도착했다면 팀 동료와 상급자에게 밝은 얼굴로 아침 인사를 하며 하루를 시작해 보세요.

> **상황에 따른 인사법**
> - 출근할 때: 좋은 아침입니다. (월요일 아침) 주말 잘 보내셨어요?
> - 점심시간 전: 식사 맛있게 하세요!
> - 점심시간 후: 식사 맛있게 하셨어요?
> - 회의(외근) 등으로 자리를 비울 때: 다녀오겠습니다.
> - 퇴근할 때: (평일) 먼저 들어가 보겠습니다. 내일 뵙겠습니다.
>   (금요일) 주말 즐겁게 보내세요!

## 여러 번 마주치는 사람에게도 인사해 주세요

같은 사람을 하루에 여러 번 마주치더라도 인사는 하는 것이 좋습니다. 다만 처음 만났을 때처럼 매번 격식을 갖춰서 인사할 필요는 없습니다. 이미 여러 차례 마주친 경우라면 가볍게 상대방의 눈을 보며 미소 짓거나 고개를 살짝 숙이는 목례만으로도 충분합니다.

화장실처럼 다소 민망한 장소에서는 인사하는 방식도 배려해야 합니다. 이럴 때는 큰 소리로 인사하거나 과하게 격식을 갖추기보다 가볍게 눈을 마주치며 목례하거나 조용한 톤으로 인사하는 것이 적절합니다. 아는 사람이라고 해서 반갑다고 큰 소리로 인사하면 상대방이 민망해할 수도 있고, 반대로 인사하지 않고 모른 체한다면 나중에 또 마주쳤을 때 서로 간에 어색해질 수 있으니까요.

인사는 상대에게 예의를 갖추고 존중하는 마음을 표현하는 방식이므로 상황에 맞는 인사법을 적절히 사용하는 것은 관계를 긍정적으로 유지하는 데 큰 역할을 합니다.

### 모르는 사람이라도 인사는 하는 것이 좋습니다

회사에서 마주치는 사람은 대부분 같은 회사에서 함께 일하는 선배이자 동료일 것입니다. 설령 얼굴이 낯설고 부서가 달라 처음 보는 사람이라 하더라도 인사는 하는 것이 좋습니다. 모르는 사람이라고 그냥 지나치다 보면, 마주칠 때마다 어색한 상황이 반복될 수 있기 때문입니다. 상대방이 누구인지 확실하지 않더라도 눈을 마주치며 가볍게 인사하는 습관을 들이면 좋은 인상을 줄 수 있습니다. 그리고 나중에 업무로 만나게 되더라도 긍정적인 관계가 형성되어 있어 진행을 조금 더 원활하게 할 수 있습니다.

> **똑똑한 팀원의 알짜배기 정리**
>
> ★ 자주 마주치더라도 매번 인사하기
> ★ 민감한 장소라면 상황에 맞게 인사하기
> ★ 회사에서는 잘 모르는 사람이라도 인사하기

# 03
# 회사 사람들과
# 좋은 관계를 맺고 싶어요

> **오늘의 목표**
> ☑ 회사 사람과 원활하게 소통할 수 있는 인간관계 만들기

직장인 10명 가운데 7, 8명은 '일'보다 '사람'이 싫어서 회사를 떠난다고 합니다. 그만큼 업무보다 사람과의 관계에서 스트레스를 더 많이 받는다는 뜻인데요. 각양각색으로 개성 있는 사람들이 모인 회사에서 어떻게 하면 스트레스를 받지 않고 마음을 챙겨 가며 일할 수 있을까요?

## 좋은 인간관계는 원활한 업무의 기반이 됩니다

회사는 하루 중 가장 많은 시간을 보내는 공간입니다. 그러므로 사내에서 사람들과 원만하고 폭넓은 관계를 유지하는 것은 업무의 효율성을 높이고 협업의 기반을 마련하는 실질적인 자산이 됩니다.

이러한 인간관계는 회사생활에서 다양한 정보를 얻는 데 유리할 뿐만 아니라 예상치 못한 상황에서 큰 도움을 얻을 수 있습니다. 예를 들어 협업을 해야 하거나 갑작스럽게 다른 부서와 논의할 일이 생겼을 때 전혀 모르는 사람보다 한두 번이라도 인사를 나누어서 얼굴을 익힌 사람과 업무 처리를 하는 게 훨씬 수월한 경우가 많습니다.

다만, 직장은 친구를 사귀는 사적인 공간은 아닙니다. 아무리 친밀한 관계가 형성되었다 하더라도 뒷담화나 편 가르기와 같은 부정적인 언행은 오히려 관계를 해칠 수 있습니다. 프랑스의 소설가 알렉상드르 뒤마(Alexandre Dumas)는 "다른 사람을 비난할 때 그것 때문에 자신이 불리해질 수 있다는 것을 가장 조심해야 한다"라고 말했습니다. 직장에서는 사소한 말과 행동이 관계를 무너뜨릴 수 있으며 이는 곧 협업에도 큰 장애물이 됩니다. 따라서 직장 내 인간관계는 무엇보다 서로를 존중하며 원활하게 협력할 수 있게 하는 기반이므로 잘 관리해야 합니다.

## 좋은 인간관계를 유지하고 싶다면 3가지만 실천해 보세요

회사에서 좋은 인간관계를 유지하려면, 다음 3가지 원칙을 기억해 두는 것이 좋습니다.

❶ **회사 동료와 적극적으로 소통하세요.** 좋은 관계를 유지하려고 열심히 노력하더라도 의도치 않게 오해받는 일이 생길 수 있습니다. 상대방이 기분 나빠했다면 풀릴 때까지 기다리지 말고 적극적으로 소통해서 문제를 빠르게 해결하는 것이 좋습니다. 진심을 담아 솔직하게 먼저 말을 건네 보세요. 상대방도 회사 사람과 불편한 사이로 지내고 싶지는 않을 거예요.

❷ **일관성 있게 상대방을 존중하는 태도를 보이세요.** 간혹 회사에서 영향력 있는 상급자에게는 깍듯한데 동료나 후배에게는 태도가 달라지는 사람도 있습니다. 자기 자신은 모를 수 있지만, 주변 동료들이 바라보는 그 사람의 이미지는 좋지 않을 수밖에 없죠. 반대로 누구에게나 친절하고 배려 깊은 태도를 일관성 있게 유지한다면 긍정적인 관계를 오래도록 이어 갈 수 있습니다.

❸ **긍정적인 마음을 가지세요.** 많은 유명인들이 어려운 시간을 보내고 난 후 "결국 모든 것은 마음의 문제였던 것 같다"라는 말을 합니다. 당시에는 상대방 때문에 너무 힘들었지만, 마음을 어떻게 먹는지에 따라 다르게 보일 수도 있다는 거죠. 즉, 긍정적인 태도로 사람들을 바라보면 나쁜 점보다 좋은 점이 보이고, 또 좋은 점에 집중하다 보면 그에 따라 불필요한 스트레스는 줄어듭니다.

## 부정적인 사람과는 적당한 거리 두기도 필요해요

회사에서는 좋은 사람을 만나 긍정적인 관계를 맺는 것도 중요하지만, 반대로 부정적인 영향을 미치는 사람과는 거리를 적절히 유지할 줄도 알아야 합니다.

특히 남을 자주 비방하거나 매사에 불평불만을 늘어놓는 유형을 만난다면 사적인 친분을 깊게 맺기보다 일정한 거리를 두고 지내는 것이 현명합니다. 이때 '거리를 둔다'는 것은 업무에서는 예의를 갖추고 친절하게 응대하되, 사적인 대화나 모임은 되도록이면 피하라는 의미입니다.

---

**남을 자주 비방하는 사람**

좋지 않은 선입견을 갖게 하고, 또한 시간이 흘러 자신도 비방의 대상이 될 수 있습니다.

**매사에 불평불만을 늘어놓는 사람**

매사에 불평불만이 많은 사람은 의도하지 않았더라도 그 감정이 나에게 영향을 줄 수 있습니다.

---

피치 못하게 사적인 자리에 갔다면 남을 비방하거나 부정적인 이야기를 나누는 상황에 휘말리지 않는 것이 좋습니다. 예를 들어 상대방이 누군가를 험담할 때 맞장구를 치거나 굳이 반박하기보다 자신의 의견을 드러내지 말고 조용히 들어주는 방식으로 대처해 보세요. 이런 태도를 반복하면 불편한 대화에서 자연스럽게 빠져나올 수 있습니다.

회사에서 모든 사람과 관계를 좋게 유지하고 싶은 마음이 크겠지만, 무조건 가까워지려고 노력하는 것보다 적당한 거리를 두고 지내는 것이 더 오래 가는 관계를 만드는 비결이라는 점을 기억해 두세요.

### 업무를 잘 해야 좋은 평판도 받을 수 있습니다

회사에서 원만한 인간관계를 유지하는 것은 중요합니다. 하지만 <mark>좋은 인간관계도 결국 탄탄한 업무 능력을 바탕으로 형성된다는 점을</mark> 기억해야 합니다. 만약 업무를 등한시하고 인간관계에만 집중한다면 처음에는 친화력이 좋은 사람으로 보일 수도 있지만, 장기적으로는 신뢰와 평판을 유지하기 어렵습니다.

회사에서는 업무 역량이 신뢰의 바탕이 되고, 대부분의 인간관계 또한 이를 바탕으로 형성된다는 점을 꼭 기억해 두세요.

---

**똑똑한 팀원의 알짜배기 정리**

★ 긍정적인 태도로 다른 사람을 존중하기

★ 남을 비방하거나 매사에 불평불만만 늘어놓는 사람과는 적당한 거리 두기

★ 회사에서 인간관계는 결국 업무 능력을 바탕으로 형성된다는 것을 기억하기

**04**

궁금한 게 너무 많아요.
이것까지 물어봐도 될까요?

**오늘의 목표**
☑ 상황에 따라 질문하는 방법 알아보기

사회생활을 시작한 지 얼마 되지 않았다면 궁금한 게 많을 거예요. 하지만 막상 질문하려고 하니 누구에게 어떻게 해야 하는지 헷갈리기도 하고, 질문하는 것 자체를 겁내고 싫어하는 사람도 있겠죠. 하지만 반대로 상급자 입장에서 입사한 지 얼마 안 된 팀원이 궁금한 게 너무 없어 보여도 걱정될 수 있으므로, 질문을 잘 하는 것이 좋은 인상을 남기는 방법입니다. 질문하는 것을 어려워하는 팀원을 위해 상황에 따라 궁금한 걸 어떻게 물어봐야 하는지 함께 알아보겠습니다.

## 궁금한 걸 물어볼 때는 상황에 맞게 질문하세요

업무를 하다가 궁금한 게 생기면 당연히 질문할 수 있습니다. 단, 상대방이 알려 준 내용을 흘려들어 몇 번이고 반복해서 물어보거나, 상대방이 너무 바빠 보이는데도 자신이 급하다고 계속 물어보거나, 생각을 정리하지 않은 상태에서 두서없이 물어보는 건 지양해야 합니다. 다시 말해 자신이 무엇을 궁금해하는지를 상대방이 한 번에 알아들을 수 있도록 핵심만 정리한 후 상대방이 답변할 수 있는 여유로운 상황에서 질문하는 것이 가장 좋습니다.

질문하고 답을 들었지만 여전히 모르겠다면, 어디까지 이해했고 어떤 부분을 모르는지 먼저 정리해야 합니다. 업무를 요청한 사람이 너무 바빠 보이면 무턱대고 "모르겠어요!"라고 하는 것보다 "여기까지는 이해했는데 이 부분은 잘 모르겠어요."라고 모르는 것을 분명하게 말해야 합니다. 또는 "그동안 여기까지는 진행했는데, 앞으로 어떻게 마무리하면 될까요?"와 같이 구체적으로 다시 질문하는 게 더 좋겠죠.

다음의 대화 예시를 살펴보겠습니다. 온종일 빽빽한 미팅과 넘쳐나는 업무 때문에 점심조차 간단히 때워야 할 정도로 정신없이 바쁜 팀장에게 팀원이 보낸 메시지가 도착했습니다.

최답답

팀장님, 너무 바쁘신 거 아는데요. 아까 말씀하신 거 어디서부터 어떻게 해야 할지 하나도 감이 안 와요ㅠㅠ

이 메시지를 받은 팀장은 결국 답장을 보내지 못했습니다. 팀원이 어디를 어떻게 모르는지 전혀 가늠할 수 없기 때문입니다. 점심도 편히 못 먹을 정도로 바쁜 상황에서 팀원이 어디를 어떻게 모르는지 특별히 신경 쓰고 헤아려서 답장을 보내기는 쉽지 않죠.

팀장의 답변을 받으려면 질문을 어떻게 바꾸는 게 좋을까요? 다음과 같이 말한다면 필요한 답을 얻는 동시에 좋은 인상을 남길 수 있습니다.

팀장님, 많이 바쁘시죠?
요청해 주신 업무를 정리하고 있는데, 매출을 예측하는 부분을 어떻게 가정해야 하는지 기준점을 잘 모르겠어요. 기준점을 어떤 식으로 설정하면 좋을지 내일 시간 되실 때 피드백 주실 수 있을까요?
지금 너무 바빠 보이셔서 일단 메시지만 남깁니다.

박유능

되도록이면 업무 시간에 메시지를 보내는 것이 좋지만, 그럴 수 없다면 양해를 구하는 말을 덧붙여 보세요. 센스 있는 팀원이라는 인상을 줄 수 있답니다.

### 질문하는 것을 두려워하지 마세요

어렸을 때 '엄마는 뒤에도 눈이 달려서 다 안다'라는 말을 들어 본 적 있나요? 엄마가 자녀의 상황을 쉽게 눈치채듯 여러분의 상급자도 업무를 지시할 때 팀원이 잘 이해하는지 누구보다 빨리 알아차릴 거예요. 앞에서 설명했듯이 질문하는 것이 두려워서 아는 것처럼 가만히 있기보다 어디까지는 알고 어느 부분부터 모르는지 구분해서 다시 물어봐야 합니다.

그래야 상급자도 맥락을 정확히 파악해서 제대로 도와줄 수 있고, 자신도 제대로 이해했는지 점검하며 성장할 수 있습니다. "말씀하신 내용 중에 ○○ 부분까지는 알겠는데, △△ 부분은 이해하기 힘듭니다. 혹시 시간 되실 때 잠깐 여쭤봐도 될까요?"라고 정중하게 말씀드린다면 대부분의 상급자는 기꺼이 도와주려고 할 것입니다. 질문하는 것 자체가 성실함과 책임감을 보여 주는 태도이기 때문입니다.

### 똑똑한 팀원의 알짜배기 정리

⭐ 답변할 사람의 시간과 상황을 고려해서 질문하기

⭐ 한 번에 알아들을 수 있도록 정리해서 질문하기

⭐ 아는 것과 모르는 것을 구분해서 명확하게 질문하기

**05**

# 도와주세요.
# 잘 모르는 업무를 요청받았어요!

> **오늘의 목표**
> ☑ 어려운 업무를 요청받았을 때 대처 방법 알아보기

회사에서는 아무도 가르쳐 주지 않는 것을 해내야만 할 때가 종종 있습니다. 아무런 정보가 없어서 무엇부터 시작해야 할지 정말 막막하죠. 혹시 고민도 제대로 하지 않고 포기할 생각부터 하진 않았나요? 회사에서 자신의 가능성을 보여주려면 조금 더 도전하는 자세를 보여 주는 것이 좋아요. 그럼 이 상황을 어떻게 헤쳐 나가야 할지 함께 알아보겠습니다.

### 먼저 어떻게 하면 해낼 수 있을지 고민해 보세요

해본 적 없는 어려운 업무를 받았다면 바로 못 한다고 하기보다 한 번쯤 생각해 보고 대답하는 것이 좋습니다. 상급자 또는 사수가 업무를 지시할 때는 여러분이 그 정도는 할 수 있다고 생각했을 테니까요. 이때 미리 겁먹고 "못 하겠습니다" 또는 "일이 너무 많아 할 수 없습니다"라고 답한다면 상급자는 여러분이 역량을 충분히 발휘해 내지 못한다고 느낄 수도 있고, 기대에 미치지 못해서 실망할 수도 있습니다.

요청받은 업무를 어떻게 해야 할지 도저히 모르겠더라도 우선 긍정적인 태도를 보이는 걸 추천합니다. "한 번도 해본 적 없는 업무이지만 방향성이나 주요 포인트를 알려 주시면 한번 해 보겠습니다"라고 말해 상급자가 무엇을 원하는지 미리 알아 두는 것도 좋겠죠. 처음 하는 일이라면 완벽하게 수행하기는 어려울 것이므로 중간중간 질문하고 확인하면서 완성도를 올리면 됩니다.

만약 어느 정도 익숙한 업무이고 어떻게 처리해야 할지 가늠할 수 있다면 긍정적인 태도로 답한 후, 해결 방안을 고민해 보세요. 이후 자신이 하기 어려운 업무라고 판단되면 어떤 부분이 왜 어려운지, 그 업무를 해내려면 어떤 도움이 필요한지를 정리해 상급자에게 도움을 요청하면 됩니다. 업무 내용을 간단히 그려 본 후 어렵다고 느끼는 부분을 효율적으로 설명하면 상급자도 해결 방안을 빠르게 제시해 줄 것입니다.

## 지킬 수 없는 약속은 신뢰를 해칠 수 있어요

상급자의 입장에서는 업무를 요청했을 때 단번에 못 한다고 말하는 사람보다 "네, 한번 해보겠습니다"라고 긍정적인 태도를 보이는 사람을 선호합니다. 하지만 요청받은 일을 어떻게 처리해야 할지 이해조차 되지 않고 역량도 부족하면서 무조건 할 수 있다고만 말한다면 오히려 신뢰를 떨어뜨릴 수 있습니다.

앞뒤 상황을 고려하지 않은 채 상급자가 요청한 대로 "할 수 있으니 맡겨만 주세요!"라고 대답했다고 가정해 보겠습니다. 만약 약속한 기한을 지키지 않거나 부족한 결과물을 보고받는 상황이 반복되면 상급자는 그 직원을 좋게 평가하기 어렵습니다. 그래서 기한을 맞출 수 없는 상황이거나 자신이 할 수 없는 일이라면 그 이유를 가급적 빨리, 그리고 구체적으로 설명해야 합니다. 그래야 업무를 조율할 수 있고, 또한 자신이 아는 부분을 설명해서 그 범위 밖의 일은 어떻게 처리하면 좋을지 조언을 얻을 수 있습니다.

---

**똑똑한 팀원의 알짜배기 정리**

⭐ 어려운 업무를 받았을 때에도 적극적인 태도로 응하기

⭐ 모르는 업무는 상급자와 소통하며 진행하기

# 06
## 실수를 했는데, 어떻게 대처해야 할지 모르겠어요

**오늘의 목표**
☑ 실수했을 때 현명하게 대처하는 방법 알아보기

회사에서는 실수하지 않는 것이 가장 좋지만, 누구나 한 번쯤 실수하는 순간이 찾아옵니다. 아무리 조심해도 예기치 못한 변수는 생기기 마련이고, 중요한 순간일수록 그 부담감은 더 크게 다가옵니다. 실수를 했을 때는 당황하거나 회피하기보다 어떻게 대응하는지가 더 중요합니다. 실수를 한 아찔한 순간, 현명하게 대처하는 방법을 알아보겠습니다.

### 근태, 복장 등 기본 예절을 지켜 주세요

회사에서는 신입사원에게 처음부터 높은 업무 성과를 기대하지 않습니다. 회사생활을 경험하지 않은 사회 초년생이고, 업무 경력이 쌓여야 일 처리를 원활하게 할 수 있다는 건 누구나 알고 있기 때문이죠. 신입사원에게는 업무 성과보다 태도나 복장, 자세 등 사람과 사람 사이에 지켜야 할 기본 에티켓을 중요하게 여기는 경우가 훨씬 더 많습니다. 예를 들어 신입사원이 업무 실수를 했을 때는 일정 기간 유예할 수 있지만, 태도가 나쁘다면 쉽게 용납하기 어렵습니다.

다음 설문 조사에서도 업무 실수보다 근태, 복장 등 기본 예절을 지키지 않거나 상급자에 대해 뒷담화를 하다가 들키는 등의 말실수를 한 경우, 업무 시간에 과도하게 딴짓을 하거나 분위기 파악을 못 하는 행동 등을 유의해야 한다는 것을 알 수 있습니다.

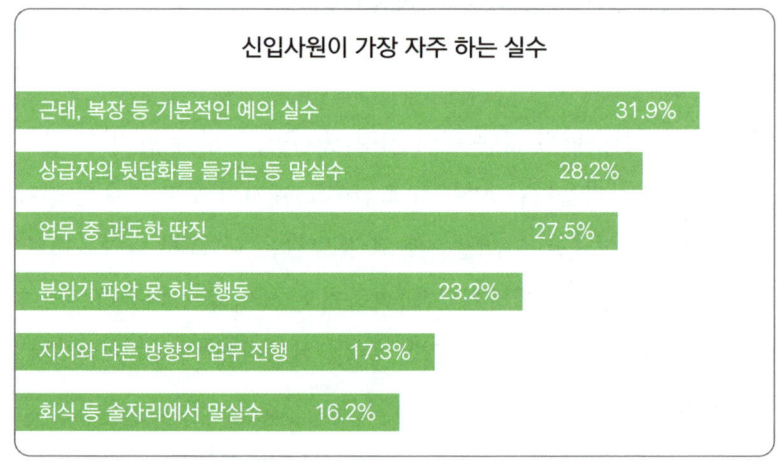

출처: 사람인(남녀 구직자 1,529명 조사, 2020년)

### 실수를 했다면 빠르게 보고하세요

업무를 하다 보면 누구나 실수할 수 있습니다. 하지만 여기서 중요한 것은 '실수를 한 후 어떻게 대처하느냐'입니다. 실수한 상황을 인지했다면 최대한 빠르게 상급자에게 보고해야 합니다. 실수는 팀원에게 큰일일 수 있지만, 여러분의 상급자는 이미 다양한 경험을 했을 터이므로 대안을 쉽게 제시해 줄 수 있으니까요.

회사에서 실수하지 않는 것이 가장 좋겠지만, 만약 실수를 했다면 수습할 수 있는 골든 타임을 놓치지 않아야 최악의 상황에서 벗어날 수 있습니다. 따라서 실수한 것을 인지한 후 어떤 부분에서 문제가 발생했는지, 그래서 어떻게 수습할 수 있을지 대안을 생각해서 상급자에게 빠르게 보고해야 합니다.

### 실수를 너무 마음에 담아 두지 마세요

실수를 했다고 해서 '난 왜 이러지. 사람들이 나를 이상하게 보면 어떻게 하지?'처럼 비관하지 마세요. 개인의 성장을 생각한다면 '이번에 배웠으니, 다음에는 같은 실수를 하지 말아야지!'라는 긍정적인 마음가짐이 더 중요합니다. 회사에서 일하다 보면 수많은 변수가 생깁니다. 그럴 때마다 의기소침해진다면 다음에 같은 상황이 발생했을 때 자신감이 없고 일 처리도 원만하게 해내기 어려울 거예요. 스스로 마음을 다독이고 같은 실수를 반복하지 않도록 한번 더 깊이 생각하는 습관을 기르면 어려운 회사생활에서 여러분 자신을 지킬 수 있습니다.

## 업무의 기본기는 입사 후 6개월 안에 습득하세요

'신입사원의 실수를 눈감아 줄 수 있는 기간'을 주제로 직장인에게 설문 조사를 한 결과, 응답자의 70% 이상은 "3~6개월까지는 괜찮다"고 답변한 것을 볼 수 있습니다. 여러분이 만약 신입사원이라면 6개월까지는 실수를 하더라도 그럴 수 있다며 이해하고 넘어가지만, 그 이후라면 "잘 몰라서 그랬어요" 또는 "입사한 지 얼마 안 돼서요"라는 말이 핑계가 될 수 없다는 것이죠. 그래서 입사 후 6개월 안에는 그 회사의 문화를 익히고, 회사원으로서 갖춰야 할 기본기를 습득하는 것이 좋습니다.

---

### 똑똑한 팀원의 알짜배기 정리

⭐ 사회생활에서 지켜야 할 기본 예의, 예절은 실수하지 않기

⭐ 실수했을 땐 골든 타임을 놓치지 않도록 빠르게 상황 보고하기

⭐ 실수한 후 의기소침하기보다 긍정적인 마음을 갖고 대처하기

# 회사에서 전화받는 것이 두려워요

**오늘의 목표**
☑ 회사에서 상황별 전화 받는 방법 이해하기

회사에서는 전화를 통해 다양한 업무를 처리합니다. 전화 통화에서는 상대방의 얼굴을 보지 못하므로 말투나 음성, 표현, 태도가 중요합니다. 이런 요소 하나하나가 회사에서 나의 이미지로 이어질 수 있으니 전화 매너는 반드시 신경써야 합니다. 이번에는 회사생활에서 꼭 지켜야 할 비즈니스 전화 받는 매너를 알아보겠습니다.

### 전화 받을 때는 3가지를 꼭 말해 주세요

전화를 받으면 '인사말 → 소속 → 이름' 순서로 말하면 됩니다. 예를 들어 "감사합니다. 전략기획팀 김똑똑입니다"라고 할 수 있겠죠. 회사 고유의 전화 인사말이 있다면 그 인사말을 사용해서 전화를 받으면 됩니다. 용건이 끝나도 바로 전화를 끊기보다 상대방이 전화를 끊을 때까지 기다린 후 수화기를 내려놓는 것이 좋습니다.

만약 잘못 걸려 온 전화를 받았다면 "말씀하신 ○○ 업무는 □□ 부서에서 담당하고 있습니다. △△△ 님께 연락주시면 됩니다"와 같이 설명하면 됩니다. 연락처를 알고 있다면 "잠시 기다려 주시면 연결해 드리겠습니다"와 같이 간단히 말한 후, 해당 부서의 담당자에게 전화를 돌려도 됩니다. 이 과정에서 "혹시 전화가 끊어지면 내선 번호 ○○○○를 눌러 주세요" 등의 멘트를 추가하는 것도 좋습니다.

### 전화를 당겨 받을 때는 메모를 남겨 주세요

전화벨이 울리는데 자리에 담당자가 없어 아무도 받지 않는다면 전화를 당겨 받아 주세요. 어렵게 생각할 필요 없이 담당자가 자리에 없는 상황을 말하고, 이어서 전화를 받은 자신이 누구인지를 밝히면 됩니다. 예를 들어 "대신 전화받았습니다" 또는 "전화 당겨 받았습니다. 전략기획팀 김똑똑입니다"라고 말하고 이어서 "이바쁨 과장님이 지금 자리에 안 계신데, 메모를 남겨 드릴까요?"라고 응대합니다. 그리고 상대방이 요청한 내용을 받아 적은 다음, 담당자에게 메모 또는 구두로 상황과 내용을 전달하면 됩니다.

### 전화를 할 때에도 용건은 간단명료하게 말하세요

전화를 받는 것과 마찬가지로 전화를 할 때에도 '인사말 → 소속과 이름 말하기 → 담당자와 통화할 수 있는지 확인 → 용건' 순서로 말하면 됩니다. "안녕하세요. 전략기획팀 김똑똑입니다. 박유능 과장님이시죠? 다름이 아니라 ○○○ 안건으로 연락드렸습니다. 통화 가능하신가요?"라며 용건을 꺼내면 돼요.

이때는 "가는 말이 고와야 오는 말이 곱다"는 속담처럼 친절한 말투와 목소리로, 통화 목적을 상대방이 이해하기 쉽도록 정확하고 간결하게 전달하는 것이 좋습니다. 전화 통화를 할 때에는 상대방의 얼굴이나 제스처를 볼 수 없으므로 친절하지 않은 말투로 말하면 상대방이 나의 의도를 오해할 수도 있습니다. 또, 너무 두서없이 이야기하면 전화를 받는 사람이 이해하기 어려울 수 있어요. 친절하고 예의 바른 말투로 요점을 정확히 설명해 주는 것이 좋습니다.

### 대화하는 도중에 전화가 울린다면 양해를 구하고 받으세요

상급자와 이야기하는데 내 자리에서 전화가 울릴 수도 있습니다. 이때는 전화벨이 계속 울리게 두지 말고 상급자에게 "잠시 전화를 받아도 될까요?"라고 양해를 구한 후 전화를 받으면 됩니다. 만약 급한 전화가 아니라면 간단히 "회의 중이어서 이따 다시 연락드리겠습니다"라고 짧게 응대한 뒤 통화를 종료하고 다시 대화에 집중하면 됩니다.

다만 상급자와 이야기하던 중이어서 통화를 짧게 간단히 하고 끊으려 해도 상대방이 쉽게 받아들이지 않는 경우도 있습니다. 이럴 때는 "지금은 회의 중이라 길게 말씀드리기 어렵습니다. 회의가 끝나는 대로 다시 연락드리겠습니다"라고 정중히 말한 뒤 마무리하는 것이 좋습니다.

또한 상급자와 대화하느라 전화를 바로 받지 못했거나 서둘러 끊었다면, 대화가 끝난 뒤 자리로 돌아와 빠른 시간 내에 다시 연락하는 것이 원활한 업무 처리에 도움이 됩니다.

> **똑똑한 팀원의 알짜배기 정리**
>
> ⭐ 전화를 받을 때는 '인사 → 소속 → 이름' 순으로 정확하게 말하기
>
> ⭐ 부재 중 전화는 당겨 받은 후, 메모 등으로 담당자에게 정확하게 전달하기
>
> ⭐ 통화 목적을 상대방에게 정확하고 간결하게 전달하기

# 호칭은 어떻게 사용해야 하나요?

**오늘의 목표**
☑ 호칭의 개념을 이해하고 알맞게 사용하기

회사에 입사하면 '호칭'이 낯설 것입니다. 같은 사람을 놓고 누군가는 실장님이라 부르고, 또 누군가는 상무님이라고도 합니다. 회사마다 일의 종류나 난이도, 책임 정도 등이 달라서 그에 맞게 인사 제도를 실시하고 있기 때문입니다. 또, 어떤 조직에서는 모두 평등하게 이름 뒤에 직급 대신 '님'을 붙이는 경우도 있죠. 처음 회사에 출근하면 직책, 직급, 역할 중심의 호칭까지 섞어서 사용해서 헷갈릴 수 있습니다. 지금부터 호칭은 어떤 종류가 있는지, 같은 사람인데 호칭이 여러 개일 때 어떻게 불러야 하는지 정리해 보겠습니다.

## 직위, 직급, 직책? 비슷해 보이지만 서로 달라요

사회 초년생뿐 아니라 회사생활을 오래 한 사람도 직급과 직책을 구분하기 어려워합니다. 직위, 직급, 직책은 비슷해 보이지만 실제로는 각각 다릅니다.

---

**직위(職位, position)**
직무상의 위치
㉠ 사원, 대리, 과장, 부장, 선임, 이사, 상무, 책임, 수석 등

**직급(職級, rank/grade)**
직무상의 계급으로 주로 공무원의 호봉제가 대표적
㉠ 9급, 8급, 7급, 6급 등

**직책(職責, title)**
직무상의 책임
㉠ 팀장, 파트장, 실장, 본부장 등

---

우선 '직위'는 조직 내에서 개인의 위치 또는 서열을 의미합니다. 흔히 알고 있는 '사원, 대리, 과장, 차장, 부장' 등이 포함되며, 최근에는 과거보다 직위 체계를 단순화해 '선임, 책임, 수석, 프로' 등을 사용하는 기업도 많습니다. 직위는 보통 승진하면 한 단계씩 올라갑니다.

'직급'은 일의 난이도나 연차에 따라 나누는 직무상의 계급으로 보통 공무원에서 사용하는 9급, 8급, 7급 등의 호봉제가 대표적입니다. 일반 회사에서는 직급이 아닌 직위를 사용합니다.

'직책'은 직위에 부여된 직무와 책임을 의미합니다. 직위는 '과장'이지만 직책은 '팀장'일 수 있고, 직위는 '부장'이지만 직책은 없을 수도 있습니다. 예를 들어 상무님의 직위는 '상무'지만 직책은 '실장'이라면 어떻게 해야 할까요? 보통은 직책인 실장으로 부르지만, 회사의 호칭 정책에 따라 'OOO 님'으로 부르거나 직위인 상무를 사용하기도 합니다.

### 직급이 없다면 이름 뒤에 '님' 자를 붙여요

인사 관리를 혁신하기 위해 직급제를 폐지하는 회사가 많아졌습니다. 외부 미팅에서 가끔 직위가 없는 명함을 받을 때 상대방을 어떻게 불러야 할지 고민하는데요. 이럴 때는 'OOO 씨'보다 'OOO 님'이라고 부르는 것이 좋습니다. '씨'를 사전에서 찾아보면 대체로 동료나 아랫사람에게 쓴다고 합니다. 반면 '님'은 상대방을 높여 이르는 말이므로 직급이 없어 부르기 애매한 상황이라면 이름 뒤에 '씨'보다 높임의 뜻을 나타내는 '님' 자를 붙여 사용하면 됩니다.

### '언니', '오빠', '야', '너'는 안 돼요!

회사에서는 아무리 친한 사이라 해도 공식 호칭인 직위 또는 직책을 사용하거나 이름 뒤에 '님' 자를 붙여야 합니다. 그 이유를 알아볼까요?

첫 번째 이유는 함께 일하는 공간인 회사에서는 공식으로 사용하는 호칭을 사용하는 것이 규칙이기 때문입니다. 여러 부서가 모여 회의를 하는데 어떤 직원에게는 '대리님', 어떤 직원에게는 '오빠'라고 한다면 회사 규정에 맞지 않을뿐더러 직장인으로서 전문적으로 보이지도 않습니다.

두 번째 이유는 <mark>회사 사람들과 적절한 거리를 유지하기 위해서입니다</mark>. 얼마 전 TV에서 끈끈한 우정을 자랑하는 톱스타의 인터뷰를 보았는데요. 친구 사이인데도 존대하는 모습이 인상적이었습니다. 친한 친구에게 속상하거나 화나는 감정을 그대로 드러내 사이가 틀어지는 경우도 있듯, '가까운 사이일수록 더 조심해야 한다'는 옛말을 귀담아듣는 지혜가 필요합니다.

하루 8시간을 함께 지내야 하는 회사에서는 동료나 상급자와 건강한 관계를 유지하는 것이 좋습니다. 이때 존댓말과 사내 공식 호칭을 사용하면 동료나 선배와 일정한 거리를 유지할 수 있고 아울러 자신의 마음도 챙길 수 있답니다.

### 똑똑한 팀원의 알짜배기 정리

⭐ 직위/직급/직책 구분해서 쓰기

⭐ 명함에 직급이 없다면 이름 뒤에 '님' 자 붙이기

⭐ 아무리 친한 사이라도 존댓말과 공식 호칭 사용하기

# 연차는 맘껏 써도 되나요?

**오늘의 목표**
☑ 연차 사용의 숨은 규칙 알아보기

신입사원이라면 연차는 입사하자마자 생기는지, 또한 마음대로 나눠 쓸 수 있는지 궁금할 것입니다. 괜히 눈치 보여 상급자나 다른 동료에게도 묻기 어려웠던 질문에 대신 답변해 드릴게요.

### 연차는 규정에 따라 사용할 수 있어요

근로계약서에 명시된 개인 연차는 필요할 때 자유롭게 사용할 수 있습니다. 단, 입사하자마자 연차가 바로 생기는 것은 아닙니다. 근로기준법에 따르면 1년 미만 근무한 직원에게는 1개월 개근할 때마다 1일의 연차가 발생합니다. 1년 이상 근무한 경우에는 기본 15일의 연차가 발생하고, 이후 2년마다 1일씩 추가되어 최대 25일까지 늘어납니다.

또, 일부 회사에서는 '반차'나 '쿼터 연차(반반차)'처럼 시간 단위로 쓸 수 있는 연차 제도를 별도로 운영하기도 합니다. 이런 제도는 회사가 자율로 정한 사내 규칙일 뿐 근로기준법에서 정한 공식 연차 제도는 아닙니다. 따라서 반차나 쿼터 연차 제도가 없는 회사에서는 연차를 시간 단위로 사용하기 어렵습니다.

### 연차를 쓸 때에는 미리 말해 주세요

연차는 개인의 권리이지만, 팀의 협업 일정을 고려해서 사용하는 것이 회사생활에서의 기본 예의입니다. 일반적으로는 **최소 3일 전에 상급자와 팀에 연차 사용 계획을 공유하는 것이 좋습니다.** 회사에 따라 일주일 전, 길게는 한 달 전에 말해야 하는 경우도 있으니 연차를 쓰기 전에 사내 규칙을 미리 확인해 두세요.

연차 신청은 보통 구두나 메신저로 상급자에게 먼저 알린 뒤, 내부 결재 시스템을 통해 연차 계획서를 상신하고 승인을 받는 절차로 진행됩니다. **연차 계획서를 작성했더라도 휴가 하루 전날에 상급자**

**와 팀원에게 한번 더 알려 주세요.** 급한 연락이 왔을 때 받을 연락처나 업무를 대신할 담당자까지 함께 공유한다면 휴가 중이어도 큰 차질 없이 업무를 진행할 수 있습니다.

연차를 쓰고 싶은데 다른 팀원이 잘 쓰지 않는 것 같다고요? 연차는 필요할 때 쓰면 됩니다. 다만 바쁠 때 연차 사용을 지양하는 문화가 있는 등 회사마다 분위기가 조금씩 다를 수 있습니다. 그러므로 입사한 후 2~3개월까지는 선배들이 연차를 어떻게 사용하는지 살펴보며 회사나 팀 분위기를 파악하는 것이 좋습니다. 그 이후에는 업무에 지장을 주지 않는 선에서 자연스럽게 사용하세요.

### 연차를 급히 내야 한다면 충분히 설명해 주세요

만약 긴급한 상황이라면 당일 연차를 사용할 수도 있습니다. 단, 갑작스럽게 연차를 내면 업무에 차질이 생기는 만큼 당일 연차를 써야 하는 이유를 상급자에게 충분히 설명하고 소통해야 합니다. 업무 시간 전이라도 상급자에게 당일 연차를 사용해야 하는 이유와 죄송하다는 인사말을 전하고 양해를 구해 보세요. 상급자의 성향에 따라 업무 시간이 아닐 때 전화 통화하는 것을 불편해한다면 당일 출근하지 못하는 사유와 불편함을 끼쳐 죄송하다는 문자나 메시지를 먼저 보내는 것이 좋습니다.

단, 아무리 급한 일이라 하더라도 전날 늦은 시간대에 연락하는 것은 예의가 아닙니다. 물론 출근 시간이 한참 지나 문자나 메신저로 출근을 할 수 없다고 통보하는 것도 예의가 아니니 주의해야 합니다. 업무 시작 시간이 오전 9시라면 8시쯤 연락해서 당일 연차를 써야 하는 이유를 설명하는 것이 좋습니다.

당일 연차 사용을 요청했는데 상급자가 일정을 바꿔 달라고 말하거나 승인을 거절하는 경우도 있습니다. 사용 방법과 절차는 회사의 규정에 따르도록 되어 있기 때문입니다. 연차를 사전에 승인받도록 하는 것은 근로자가 연차를 사용해서 생기는 인력 공백을 최소화하고 업무의 흐름을 유지하는 데 목적이 있습니다. 그러니 상급자가 연차 승인을 거절한다면 우선순위 업무, 내부 규정 등 특정한 사유가 있기 때문일 것입니다. 업무 일정을 조정할 수 있다면 맡은 업무의 마감일을 변경한 후 다시 요청하면 됩니다.

만약 상급자가 거절한 상황에서 당일에 연차를 꼭 사용해야 한다면 상급자에게 그 이유를 충분히 설명하고 양해를 구해 보세요. 그렇지만 원활한 업무 진행을 위해 정말 불가피한 상황이 아니라면 당일 연차보다 사전에 조율해서 계획을 세워 사용하는 것이 바람직합니다.

### 긴 연차를 계획하고 있다면 업무 공백을 미리 신경 써주세요

일주일 혹은 그 이상 긴 휴가를 사용할 수도 있습니다. 다만 그만큼 업무 공백이 발생할 수 있으므로 한 달 전쯤 미리 상급자에게 알려서 일정을 공유하는 것이 좋습니다. 여유롭게 조율하기 어려운 상황이라면 최소 2주 전에는 휴가 계획을 알리고, 부재에 따른 업무 공백이 없도록 미리 조율하고 대책을 마련해 두세요.

긴 휴가는 이왕이면 회사 일정과 자신의 업무에 큰 이슈가 없을 때 계획하는 것이 좋습니다.

여러분이 속한 조직이 정신없이 바쁘거나 자신이 맡은 업무가 아주 중요한 시기에 휴가를 길게 쓰면 마음 편히 즐기기도 어렵고, 상급자가 보기에도 업무에 대한 책임감이 없어 보일 수 있습니다. 시기를 잘 고르고, 업무 공백을 채워 주는 상대방도 배려하면서 휴가 계획을 세우는 것이 가장 좋은 방법입니다.

### 똑똑한 팀원의 알짜배기 정리

★ 연차 발생 기준은 근속 기간과 회사 규정에 따라 다름

★ 연차는 상급자와 팀에 미리 공유해서 계획적으로 사용하기

★ 일주일 이상 긴 연차는 업무 공백이 없도록 일정 조율하기

## 10
## 퇴근하려고 하는데 눈치가 보여요

**오늘의 목표**

☑ 눈치 보지 않고 퇴근하는 방법 알아보기

정시 퇴근은 당연한 규정이지만 회사 분위기에 따라 눈치 보일 때가 있습니다. 특히 퇴근 시간이 지났는데도 다른 동료들이 자리를 지키고 있거나 상급자가 여전히 일을 하고 있다면 더욱 그렇죠. 하지만 업무를 미리 정리하고 자연스럽게 소통한다면 부담 없이 퇴근할 수 있습니다. 업무를 마친 후 자연스럽게 정시 퇴근하는 방법을 알아보겠습니다.

## 눈치 보지 않고 퇴근하는 대화법을 사용해 보세요

상급자가 퇴근하지 않아도 그날 자신의 업무를 모두 끝냈다면 퇴근해도 됩니다. 다만 친구가 어려움에 처했거나 도움이 필요할 때 "도와줄 거 없어?"라고 묻는 것처럼, 상급자가 퇴근하지 않고 무언가 열심히 하고 있다면 "제가 도와드릴까요?", "혹시 제가 할 일이 있을까요?"라고 물어보고 상급자의 대답에 따라 대처하면 됩니다. 만약 상급자가 도움이 필요하다고 하면 그 부분을 빠르게 도우면 되고, 괜찮다고 하면 "먼저 들어가 보겠습니다" 또는 "내일 뵙겠습니다"라고 말한 뒤 가벼운 마음으로 퇴근하면 됩니다.

퇴근 시간인데 미팅이나 외근 등으로 팀원이나 상급자가 아무도 없다면 혼자 퇴근해도 되는지 고민할 수 있는데요. 자신의 업무를 모두 마쳤다면 퇴근해도 괜찮습니다. 이 상황에는 팀 상급자에게 "퇴근 시간이라 먼저 퇴근합니다. 내일 뵙겠습니다" 정도로 메시지를 남기는 것이 좋습니다.


## 평소와 다르게 퇴근해야 할 때는 충분히 소통해 주세요

회사생활을 하다 보면 예기치 않은 상황이 발생해 평소보다 일찍 퇴근해야 할 때도 있습니다. 예를 들어 급한 일이 생겼다면 전날이나 당일 오전에 상급자에게 양해를 구하는 것이 좋습니다.

다만 조기 퇴근은 예외 상황에서만 허용되는 것이므로 자주 요청하는 것은 바람직하지 않습니다. 정말 급한 일이 있을 때만 요청하고, 되도록이면 정해진 근무 시간을 잘 지키는 태도를 가져야 합니다.

또, 외근을 마쳤을 때 퇴근 시간이 가까워졌다면 회사로 복귀하는 데 걸리는 시간을 따져 보아야 합니다. 외근을 마치는 시간이 퇴근 시간 즈음이거나 퇴근 시간보다 늦어질 것 같다면 상급자에게 간단히 보고한 후 바로 퇴근해도 되는지 문의해 보세요. 만약 정시 퇴근이 오후 6시인데 외근 업무를 마친 때가 오후 2~3시라면 상급자가 따로 말하지 않는 한 사무실로 돌아가는 것이 맞습니다.

빨리 퇴근하고 싶어서 출근 시간보다 1시간 빨리 회사에 도착했다면 그만큼 퇴근을 일찍 해도 괜찮다고 생각할 수도 있습니다. 하지만 시차 출퇴근제를 시행하지 않는 회사라면 자신의 의지대로 일찍 출근했다고 해서 일찍 퇴근하는 것은 인정되지 않습니다. 다만 일찍 출근한 만큼 일찍 퇴근하는 것을 사전에 협의한 경우에는 괜찮을 수도 있습니다. 요즘은 8시간의 근무 시간만 채우면 출퇴근을 자율로 할 수 있도록 하는 회사도 늘어나고 있으니, 상급자에게 질문해 보세요.

---

**똑똑한 팀원의 알짜배기 정리**

★ 내 업무를 끝냈다면 정시 퇴근해도 되지만, 상급자가 퇴근하지 않았다면 도울 일이 있는지 물어보기

★ 외근 등 특별한 상황일 때는 미리 소통한 후 퇴근하기

# 어떤 마음가짐으로
# 회사생활을 해야 할까요?

**오늘의 목표**
☑ 회사에서의 마음가짐 바로잡기

제가 처음 입사한 회사는 한 부서 안에 여러 팀이 있었습니다. 출근한 첫날 부서원들이 모두 환영해 주었지만 제가 속한 팀의 사수는 한번 인사한 후 오전 내내 말을 시키지 않았고, 그 다음날은 바로 휴가를 쓰셨죠. 어떤 일을 해야 할지 몰라 이틀 내내 본 문서를 보고, 또 봤던 기억이 납니다.

하지만 반 년쯤 흐른 후 그 사수는 저에게 모질게 대했던 것을 사과했습니다. 처음에 저를 탐탁지 않게 여겼던 그 사수가 어떻게 6개월 만에 마음을 바꾸었을까요? 곰곰이 생각해 보니 바뀌었던 건 사수가 아니라 제 태도였습니다. 첫 직장생활에서 이런저런 걱정으로 힘들 때마다 제가 신입사원 시절부터 가졌던 마음가짐과 태도를 참고해 보세요.

## 회복 탄력성이 가장 중요해요

회사는 주어진 업무를 정확하게 처리해야 하는 곳입니다. 하지만 신입사원 때는 처음 맡은 업무가 낯설고 잘 몰라서 이상하게 처리하는 경우도 생기죠. 저도 그럴 때마다 선배들에게 혼이 나곤 했습니다. 하지만 혼났다고 의기소침해 있기보다 '나 같은 실수를 다른 사람이 했어도 똑같이 혼냈을 거야', '이제부터는 같은 실수를 안 하면 되지'라고 마음을 다스린 후 일했습니다. 처음이라 잘 몰라서 하는 실수는 너무나도 당연한 일입니다. 첫 실수에 위축되지 말고 앞으로는 하지 않도록 노력하면 됩니다.

## 질문을 두려워하지 마세요

업무가 힘들고 스트레스를 받을 때마다 어차피 당장 퇴사하지 않을 거라면 사소한 것일지라도 모르는 것보다 아는 것이 도움이 된다고 생각했습니다. 그래서 업무를 처리하면서 모르는 게 나오면 여러 선배들에게 정말 많이 물어봤죠. 처음에는 '이런 것도 질문해도 되나?'라고 생각해 망설였지만 막상 몇 번 질문해 보니 생각하지 못했던 것까지 조언을 받을 수 있었습니다. 스스로 충분히 생각해 보았는데도 모르겠다면 주저하지 말고 질문해서 답을 구해 보세요. 나도 모르는 사이에 부쩍 성장한 자신의 모습을 발견할 수 있을 것입니다.

## 적극적인 태도로 노력해 보세요

회사에 입사해 1년이 되기까지는 꾸준히 노력해야 합니다. 자신의 역할을 충분히 해냈을 때 스스로 만족감을 얻고 회사에서도 인정받을 수 있기 때문입니다.

저는 발표 자료를 잘 만들고 싶어서 관련된 책을 사서 퇴근한 후에 공부도 했고, 이메일을 영어로 잘 쓰고 싶어서 주말에는 학원을 다니며 비즈니스 영어를 배우기도 했습니다. 회사에서는 일을 빠르게 배우려고 선배들이 작성한 보고서나 기안 등을 보면서 업무 처리를 익혔고, 반복되는 일은 더 효과적으로 할 수 있는 방법이 있는지 고민했죠. 그 과정에서 정말 많은 것을 배웠고 큰 자산이 되었습니다.

이 3가지 마음가짐을 바탕으로 여러분만의 것을 만들어 보세요. 처음에는 낯설어서 시간이 걸릴 수 있지만, 긍정적인 마음으로 노력하고 채워 나간다면 언젠가 즐겁고 편안하게 직장생활을 할 수 있을 것입니다.

---

**똑똑한 팀원의 알짜배기 정리**

★ 첫 실수에 주눅 들거나 자책하지 않기

★ 사소한 것이라도 질문하며 조언받기

★ 꾸준히 배우고 노력하는 태도가 성장과 인정으로 이어진다는 것을 알기

### 일머리스쿨의 비밀 자료 01 | 커뮤니케이션 필수 용어 모음집

회사에서는 일상생활에서 잘 쓰지 않는 단어를 사용하기도 합니다. 회사에서 커뮤니케이션을 위해 자주 사용하는 필수 용어 20개를 배워 보겠습니다.

### 1. 피드백/컨펌

업무를 요청하고 확인할 때 '피드백(feedback)'과 '컨펌(confirm)'이란 용어를 자주 사용합니다. 먼저 피드백은 업무나 행동에서 보완할 점이나 수정 사항을 전달하는 것을 말하며, 주로 상급자가 하급자에게 사용하는 경우가 많습니다. 또, 상급자의 입장에서 피드백 없이 그대로 진행해도 좋을 경우 오케이(OK)라는 의미로 '컨펌을 한다'고 합니다.

팀장: 지난번 요청한 마케팅 기획안 보고서, 다 작성했나요?

팀원: 네, 팀장님. 방금 이메일 보내 드렸는데 검토하신 후 피드백해 주시면 반영하겠습니다.

팀장: 네, 확인한 후 컨펌하도록 할게요.

### 2. 디벨롭/팔로업

상급자가 문서를 컨펌하려고 내용을 살펴보니 일정 부분 보완해서 완성도를 높여야겠다는 생각이 들었습니다. 그때 내용을 더 발전시키고 구체화해서 완성도를 높여 달라는 의미로 사용하는 용어가 '디벨롭(develop)'입니다. 디벨롭을 요청받은 사람은 보완해야 하는 내용을 파악해 추가 조치를 취하겠다는 의미로 '팔로업(follow-up, 줄여서 F/U)하겠다'고 답변하면 됩니다.

팀장

보내 준 문서 확인했는데,
현황 파악하는 부분을 더 디벨롭해야 할 것 같아요.

팀원

네, 그 부분은 보완해서 다시 보고하겠습니다.

팀장

그 내용은 현재 진행 과정이어서 지속적으로 팔로업해야 하니 각별히 신경 써주세요.

## 3. As-is / To-be

회사에서 현재 상황을 더 좋은 방향으로 개선하려고 할 때 지금 현재의 상태라는 뜻으로 '애즈이즈(As-is)'를 사용하고, 개선되었으면 하는 앞으로의 미래 모습은 바람직한 방향이란 뜻으로 '투비(To-be)'를 사용합니다.

팀장

우리 회사의 고객 문의 처리 프로세스가 다른 회사보다
30분 더 소요된다고 합니다.
그 이유가 무엇인지 현재 프로세스를 As-is로 파악해 보고,
어떻게 하면 효과적으로 바꿀지 To-be를 정리해 주세요.

팀원

네, 보완해서 다시 보고하겠습니다.

## 4. 듀 데이트/스콥

회사에서는 원활한 업무 진행을 위해 완료일을 정하는데, 보통 '납기'라고 하며 '듀 데이트(due date)' 또는 '데드라인(deadline)' 등으로 표현합니다. 또한 업무 납기를 정할 때는 해야 하는 업무 범위에 따라 길거나 짧게 설정할 수 있는데, 이때 업무 범위를 '스콥(scope)'이라고 합니다.

팀장
이번 달은 운영에 특별한 이슈가 없어서 월간 보고서 듀 데이트는 다음 주까지 가능할 것 같습니다.
현재 업무 스콥을 살펴보고 납기일을 무리하게 잡았다는 생각이 들면 알려 주세요.

팀원
현재 업무 스콥을 보니 다음 주까지 충분히 가능할 것 같습니다.

## 5. 얼라인/싱크

회사에서는 다양한 사람이 모여 공동의 목표를 달성하기 위해 함께 노력합니다. 이처럼 같은 목표 아래 방향성과 목표를 일치시키는 것을 '얼라인(align)을 맞춘다'고 표현하고, 이 과정에서 함께 일하는 사람 간의 생각이나 정보 등을 맞추는 과정을 싱크로나이즈(synchronize), 줄여서 '싱크(sync)를 맞춘다'고 합니다.

팀장
이번 마케팅 슬로건의 방향성과 관련해서 브랜드전략팀과 얼라인 완료했나요?

팀원
아직 브랜드전략팀과 이야기를 나눠 보진 못했고, 내일 미팅 잡혀 있어서 전반적인 내용에 대해서는 싱크를 맞출 예정입니다.

## 6. TFT/R&R

회사에서 전사 차원으로 프로젝트를 수행할 때 특정 과제(task)나 문제 해결을 위해 한시적으로 구성된 조직을 'TFT(Task Force Team)'라고 합니다. TFT가 구성되면 과제를 수행해야 하는데, 이때 누가 어떤 업무를 담당할지 설정하는 것을 'R&R(Role and Responsibility)을 수립한다고 합니다.

팀장: 비용 효율화 프로젝트와 관련해서 TFT 구성된 거 알고 있죠? 참석하는 멤버들의 R&R 확인해서 보고 좀 해주세요.

팀원: 네, 확인한 후 정리해서 보고 드릴게요.

## 7. 킥오프/TBD

'킥오프(kick-off)'란 원래 축구 경기에서 공을 처음 차며 경기를 시작하는 장면에서 유래한 표현입니다. 회사에서는 무언가를 공식적으로 시작한다는 의미로 사용하는데, 보통 신규 프로젝트를 진행하거나 혹은 여러 부서가 모여 업무를 함께 처음 시작할 때 '킥오프한다'고 표현합니다. 만약 킥오프 미팅을 해야 하는데 시간이나 장소가 유동적이거나 아직 결정되지 않은 경우에는 추후 알려 준다는 의미로 'TBD(To Be Determined)'를 사용합니다.

팀장: 신규 브랜드 론칭을 주제로 마케팅전략팀과 영업교육팀, 브랜드전략팀과 킥오프 미팅을 하려고 합니다. 킥오프 일정을 이번 주 목요일로 잡아 주세요.

팀원: 네, 팀장님. 그런데 인원이 모두 들어갈 수 있는 회의실이 없어서 장소는 TBD로 공지한 후, 찾아보려고 하는데 괜찮을까요?

팀장: 네, 그렇게 해주세요.

## 8. CC / FYI

이메일을 발송할 때는 직접 받는 사람이 아니어도 그 내용을 알아야 하는 사람에게 함께 보내는데, 이때 '참조' 또는 'CC(Carbon Copy)한다'는 표현을 씁니다. 또한 자료나 내용을 상대방에게 이메일로 보낼 때 참고로 알려 드린다는 뜻으로 CC 대신 'FYI(For Your Information)'란 표현도 흔히 사용합니다. FYI는 보통 상급자가 하급자에게, 혹은 동등한 직급일 때 사용합니다.

팀장

이번에 변경된 제도와 관련해서 재무팀장님도 아셔야 할 것 같아서, 함께 CC해서 보내 주세요.

팀원

네, 알겠습니다.

## 9. 어레인지 / 인비

회사에서는 유관 부서와 업무를 빠르게 처리하고 협의하기 위해 미팅을 진행합니다. 미팅 일정을 잡을 때 '어레인지(arrange)'라는 표현을 씁니다. 미팅 일정이 확정됐다면 참석자들에게 미팅 참석을 요청하는 초대장인 '인비테이션(invitation)', 줄여서 '인비(invi)'를 발송합니다.

팀원

팀장님, 내일 인사 팀과 미팅 어레인지 할까요?

팀장

네, 확정되면 참석자들에게 인비 보내 주세요.

## 10. 소프트 카피/하드 카피

회사에서는 다양한 보고가 이뤄지다 보니 많은 문서를 전달하고 출력하기도 합니다. 이때 전자 문서 형태(워드, PPT, PDF 파일 등)를 '소프트 카피(soft copy)'라고 하고, 종이로 인쇄한 실물 문서를 '하드 카피(hard copy)'라고 합니다.

팀원

내일 정기 회의 자료는 소프트 카피본으로 참석자들께 전달할까요?
아니면 하드 카피본을 내일 회의실에 출력해 둘까요?

팀장

참석자들이 사전에 읽어 올 수 있도록 미리 소프트 카피본으로 전달해 주세요.

**02**

# 슬기로운 직장생활을 위한 소통과 협업 노하우

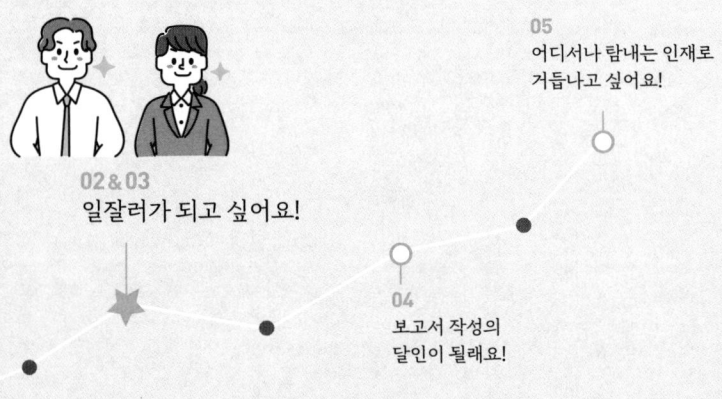

이제 어느 정도 적응을 마치고 업무를 해내고 있을 거예요. 상급자에게 중간 보고는 어떻게 해야 할지, 업무 요청 이메일은 어떻게 쓰는 게 좋을지 여전히 모르는 것이 많네요. 이제부터는 본격적으로 '일머리'를 키울 때입니다. 예쁨받는 팀원을 넘어 유연하게 소통하고 협업하는 관계를 만들어 가는 노하우를 알아봅시다.

12 • 생각을 논리적으로 전달하고 싶어요
13 • 제가 하는 말이 이해되지 않는대요. 해결 방법이 없을까요?
14 • 갈등이 생겼는데, 어떻게 대처해야 할지 모르겠어요
15 • 보고는 업무를 완료한 후에 하면 되나요?
16 • 업무 마감일을 관리하는 방법이 있나요?
17 • 팀장님이 선호하는 업무 방식을 알고 싶어요
18 • 존재감 없는 업무만 하는 것 같아서 의욕이 떨어져요
19 • 부당하다고 느낀 순간, 어떻게 말해야 할까요?

일머리스쿨의 비밀 자료 02  문서 버전과 폴더 관리 노하우

## 생각을 논리적으로 전달하고 싶어요

**오늘의 목표**

☑ 논리적으로 말하는 3가지 원칙 이해하기

핵심을 먼저 전달하고 그 후에 자세한 설명을 덧붙이는 '두괄식 말하기' 방식은 상대방이 내용을 빠르게 파악하고 이해해서 소통을 원활하고 효과적으로 할 수 있도록 돕습니다. 여러 사람이 함께 일하는 회사에서는 특히 두괄식으로 말하고 설명은 명확하게 전달하는 것이 중요합니다. 이번에는 '두괄식 말하기' 방식을 비롯해 회사에서 논리적으로 설명할 때 유용한 말하기 방식 3가지를 함께 알아보겠습니다.

### 결론부터 말해 보세요

최답답 팀원과 박유능 팀원이 회사 업무 차 박람회를 다녀왔습니다. 팀장은 두 팀원에게 박람회 자료를 얼마나 챙겨 왔는지 물었죠. 두 팀원은 팀장에게 다음과 같이 말했습니다.

팀장님, 박람회에 정말 다양한 업체가 참여했고 사람도 엄청 많았습니다. 각 업체의 자료를 가져오려고 했는데 없는 곳도 있더라고요. 그래서 없는 곳은 설명 들은 내용을 팀장님께 말씀드리려고 하고, 자료는 50개 업체 정도 가져왔는데 도움이 되셨으면 좋겠습니다.

100개 업체 중에서 자료가 없는 업체를 빼고 총 50개를 가져왔습니다. 자료가 없는 업체들은 간단하게 메모해 왔고, 전체 분위기나 관람객의 반응도 함께 설명해 드리겠습니다.

여러분이 팀장이라면 두 팀원 가운데 누구의 대답을 더 선호할 것 같나요? 핵심은 둘 다 똑같이 50개 업체의 자료를 챙겨 왔다는 것인데, 최답답 팀원보다 박유능 팀원의 대답이 훨씬 더 이해하기 쉽습니다. 왜냐하면 자료를 가져왔다는 결론부터 말해 줌으로써 보고를 받는 팀장의 집중도를 높이고, 그 후 세부 사항까지 설명해서 더 깊이 이해할 수 있도록 돕기 때문입니다.

이처럼 회사에서도 구구절절하게 이야기하는 것보다 상대방이 듣고 싶어 하는 내용을 먼저 이야기하는 두괄식 표현이 좋습니다. 결론이 무엇인지 먼저 알려주면 보고받는 사람은 '이제부터 이런 이야기를 하겠구나' 하고 짐작할 수 있고 이어지는 설명도 훨씬 집중해서 들을 수 있죠. 같은 이야기를 여러 번 설명하지 않으려면 상대방이 쉽고 빠르게 이해할 수 있도록 해야 하므로, 효과적인 대화법에서는 이처럼 결론 먼저 이야기하는 '두괄식 말하기' 방식을 사용합니다.

## 큰 범주에서 작은 범주로 설명하세요

최답답 팀원과 박유능 팀원이 앞에 놓인 5명의 사진을 보며 설명을 듣고 누구인지 알아맞히는 게임을 하고 있습니다. 둘 중에 어느 쪽 설명을 들었을 때 가장 빨리 찾을 수 있을지 판단해 보세요.

손은 작은데 발은 크고, 벨트는 하지 않았고, 얼굴은 하얀 편인데 수염은 없어. 키는 중간 정도인 사람이야.

최답답

5명 중 키가 2번째로 큰 남자인데, 정장을 입었어. 보통 체격에 헤어스타일은 짧고 검은색이며, 쌍꺼풀이 없는 눈에 입술이 도톰한 사람이야.

박유능

대부분 두 번째인 박유능 팀원의 설명이 누구를 가리키는지 빨리 알아맞힐 수 있다고 답할 것입니다. 그 이유는 무엇일까요? 최답답 팀원은 어떤 규칙이나 흐름도 없이 정보를 생각나는 대로 무작정 나열한 반면, 박유능 팀원은 가장 확인하기 쉬운 큰 범주의 특징부터 시작해 점차 작은 범주의 정보로 구체화하며 설명을 이어 갔기 때문입니다. 이처럼 전체에서 세부로 좁혀 가는 설명 방식은 상대방이 대상을 더 쉽게 파악하도록 도와줍니다.

그럼 이번엔 회사 사례로 한번 더 살펴볼까요? 내가 팀장이라 생각하고 신제품의 주요 타깃을 어떻게 선정하면 좋을지 설명하는 두 팀원의 말을 차례로 들어 봅시다.

팀장님,
경쟁사 A에서 마케팅 프로모션을 진행하고 있는데, 첫 단계로 프리뷰 이벤트를 진행하고 이후 론칭 행사에서 가격, 디자인, 기술 등 차별화 요소를 중심으로 프로모션을 한다고 합니다.
경쟁사 B 또한 프로모션을 활발하게 하고 있는데, 모두 20대 여성을 타깃으로 하고 있습니다. 이처럼 20대 여성을 타깃으로 해야 시장 점유율을 확대할 수 있어서 타깃 고객에 맞추어 세부 전략을 실행할 예정입니다.

팀장님, 신제품 메인 타깃 선정에 대해 보고드리겠습니다.
최근 시장 분석 결과, 20대 여성 제품 카테고리에서 연 평균 8% 이상의 성장세를 보이는 것을 확인했습니다. 경쟁사들 또한 시장 성장에 맞추어 20대 여성 중심의 신제품 출시 동향을 보이고 있고, 이들을 위한 다양한 프로모션을 진행하고 있습니다. 이에 시장 점유율 확대와 브랜드 이미지 강화를 위해 메인 타깃을 20대 여성으로 잡고자 합니다.

큰 범주에서 작은 범주로 설명하는 박유능 팀원의 보고가 최답답 팀원보다 이해하기 쉽고 더 설득력 있게 들립니다. 보고의 핵심은 자신이 생각한 것을 상대방도 같은 의미로 빠르게 이해할 수 있도록 잘 전달하는 데 있습니다. 그렇게 하려면 생각나는 대로 이야기하기보다 큰 범주를 먼저 설명해서 상대방이 전체 흐름을 가늠하게 한 후, 이어서 작은 범주를 구체적으로 말하는 방식이 좋습니다. 이런 구조로 말해야 상대방이 정확하고 빠르게 이해할 수 있습니다.

### 문제를 보고할 때는 해결 방법도 함께 제시하세요

어떤 문제가 생겼을 때 구체적인 해결 방법 없이 막연히 "빠르게 해결하겠습니다"라고 의지만 표명한다면 상급자는 분명히 이렇게 반문할 것입니다. "어떻게 처리한다는 거죠? 구체적인 방법이 있나요?" 해결 방법을 미리 준비하지 않으면 이러한 질문을 받았을 때 대답할 수 없겠죠. 따라서 문제가 생겼을 때는 해결 방법으로 어떤 것이 있을지 구체적으로 생각하며 말하는 연습을 해야 합니다. 이때 짧은 시간 안에 상대방이 정확하게 이해하도록 논리적으로 말해야 자신의 의견을 잘 전달하고 설득력도 높일 수 있습니다.

그러면 지금까지 설명한 3가지 논리적인 말하기 방식을 회사에서 실제로 발생할 수 있는 문제 상황에 적용해 연습해 보겠습니다.

하반기 워크숍 장소로 결정된 호텔 A의 예약을 맡은 팀원이 호텔 측으로부터 예약을 받기 어렵다는 답변을 받은 상황입니다. 이 문제를 해결하기 위해 해당 팀원은 상급자에게 다음과 같이 보고했습니다.

| ① 결론 | 워크숍 장소와 관련해서 문제가 생겨 보고드립니다. |

| ② 문제 발생 | 워크숍 장소로 결정한 호텔 A에 예약하려고 연락했는데 그날은 먼저 예약한 업체가 있어서 안 된다고 합니다. |

| ③ 해결 | 그래서 호텔 A와 유사한 등급으로 인근에 있는 호텔 B와 C를 알아봤는데 가능하다는 답변을 받았습니다.
호텔 B는 C보다 접근성은 좋지만 500만 원 정도 비쌉니다.
호텔 C는 B보다 접근성은 조금 떨어지지만 다른 조건은 B보다 좋습니다.
호텔 B를 선택하면 500만 원 정도 추가 비용이 발생하므로 C로 결정하는 것이 좋을 것 같은데, 팀장님은 어떻게 생각하시나요? |

이 보고를 받은 상급자라면 다른 대안을 찾아볼 필요 없이 호텔 C를 선택할 것입니다. 이처럼 업무에서 논리적으로 의견을 전달하려면 지금까지 소개한 3가지 말하기 원칙을 기억해 두는 것이 중요합니다. 왜냐하면 이 3가지 원칙을 활용할 때, 상급자가 원하는 답을 빠르게 제시하고 설득력 있게 보고할 수 있기 때문입니다.

### 똑똑한 팀원의 알짜배기 정리

★ 결론부터 말하기

★ 큰 범주에서 작은 범주 순서로 말하기

★ 문제가 생겼을 때는 해결 방법을 구체적으로 제시하기

**13**

제가 하는 말이 이해되지 않는대요.
해결 방법이 없을까요?

**오늘의 목표**
☑ 효과적으로 말하는 3가지 방법 알아보기

TV나 유튜브를 시청하다 보면 어떤 사람의 이야기는 이해하기 쉽고 집중도 잘 되는데, 또 어떤 사람의 이야기는 무슨 뜻인지 도통 이해하기 힘들 때가 있습니다. 이해하기 쉽고 몰입할 수 있게 말하는 사람의 대화 방식에는 몇 가지 공통점이 있습니다. 어려운 말은 쉬운 단어나 예시를 들어 설명하고 복잡한 문제는 단순화하는 등 듣는 사람의 입장을 고려해서 주제를 풀어 나간다는 것입니다. 회사에서 소통할 때도 이와 같이 해야 합니다. 회사에서 커뮤니케이션을 효과적으로 하려면 어떤 부분을 고려해야 하는지 살펴보겠습니다.

## 어려운 단어보다 쉬운 단어를 사용하세요

먼저 다음 문장 2개를 살펴보고 그중에 어느 쪽이 더 잘 읽히는지 비교해 보세요.

> **문장 1** 다중이환을 가지고 있는 노인들이 증가함에 따라
> 건강하게 오래 사는 것에 대한 관심 증가

> **문장 2** 여러 질환을 갖고 있는 노인들이 증가함에 따라
> 건강하게 오래 사는 것에 대한 관심 증가

대부분 두 번째 문장이 더 잘 읽힌다고 대답할 것입니다. [문장 1]에서 '다중이환'은 한 사람이 여러 질환에 걸린 상태를 뜻하는데, 평소에는 잘 사용하지 않아 어렵게 느껴집니다. 반면에 [문장 2]에서는 다중이환을 쉽게 풀어 '여러 질환'이라고 표현해서 [문장 1]보다 이해하기 쉽습니다.

특정 주제를 설명하거나 언급할 때 어려운 단어를 사용하면 읽는 사람이 의도한 뜻을 정확히 파악하지 못할 수 있습니다. 특정 단어를 꼭 사용하지 않아도 되는 상황이라면 누구나 쉽게 이해할 수 있는 단어를 사용하는 것이 효과적인 커뮤니케이션의 첫걸음입니다.

## 생소한 단어라면 뜻을 함께 설명해 주세요

설명할 때 쉬운 단어를 사용하는 것이 바람직하지만, 생소하거나 어려운 단어를 사용해야 하는 경우도 있습니다. 이럴 때에는 상대방이 모를 수도 있으므로 그 단어의 뜻이 무엇인지 괄호 또는 각주로 표시하거나 문장 안에서 뜻을 함께 설명해 주는 것이 좋습니다.

다음 두 문장을 비교해 보며 어떤 표현 방식이 이해하기 쉬운지 살펴보세요.

> **문장 1** 욜드 시니어는 단순히 노령층으로 구분되는 일반적인 기존 시니어의 개념에 비해 독립적이고 주체적인 삶을 지향

> **문장 2** 젊은 노인층을 뜻하는 욜드(young + old) 시니어는 단순히 노령층으로 구분되는 일반적인 기존 시니어의 개념에 비해 독립적이고 주체적인 삶을 지향

두 문장 모두 '욜드 시니어'를 소개하는 내용입니다. [문장 1]에서는 욜드 시니어란 무엇인지 단어의 의미를 설명하지 않았지만, [문장 2]에서는 맨 앞에 욜드의 개념을 알려 주면서 괄호 안에 각 단어의 뜻을 보여 주었습니다. [문장 1]과 [문장 2] 중에서 어느 쪽이 이해하기 쉬울까요? 친절하게 설명한 [문장 2]가 빠르게 이해할 수 있고 읽기도 편합니다.

이처럼 대체할 수 없는 생소한 단어를 써야 한다면 상대방이 쉽고 빠르게 이해할 수 있도록 충분히 설명하는 것이 좋습니다.

## 지나친 줄임말은 삼가 주세요

먼저 예시를 들어 보겠습니다. 지난달 박유능 선배와 함께 진행한 프로모션 실적 정리 보고서를 완료했는지 확인하려고 팀장이 최답답 팀원에게 다음과 같은 메시지를 보냈습니다.

* 무물보: 무엇이든 물어보세요
** sbn: 선배님의 줄임말

회사에는 다양한 직급과 직책이 있고, 또한 나이가 적은 사람도 있지만 많은 사람도 있습니다. 회사는 함께 업무를 하는 곳이므로 비즈니스의 기본 매너는 지켜야 합니다. 흔히 사용해서 모두가 알 만한 줄임말이라 해도 상대방이 모를 수도 있고, 줄임말 사용하는 것을 싫어하는 사람도 있을 것입니다. 따라서 회사에서는 줄임말을 쓰기보다 올바른 단어를 선택해서 소통하는 것이 좋습니다.

> **똑똑한 팀원의 알짜배기 정리**
>
> ★ 쉽게 이해할 수 있는 단어를 사용해 말하기
>
> ★ 생소한 단어는 내용이 이해되도록 설명 덧붙이기
>
> ★ 지나친 줄임말이나 비속어는 사용하지 않기

# 14
## 갈등이 생겼는데,
## 어떻게 대처해야 할지 모르겠어요

**오늘의 목표**

☑ 문제, 갈등을 해결하는 커뮤니케이션 방식 알아보기

갈등이 생기는 이유는 너무나 다양합니다. 업무 중에 의도치 않게 실수를 하거나 잘못을 저지를 수도 있고, 좋은 의도로 한 말도 자칫 상대방의 기분을 상하게 하는 경우도 있습니다. 회사에서 발생하는 어려운 순간을 잘 해결하고 싶은데, 어떻게 해야 할지 생각나지 않을 때 알맞은 해결 방법을 알려 드리겠습니다.

### 다른 사람이나 상황을 탓하기보다 자신을 중심으로 이야기하세요

업무 기한을 지키지 못해 팀장에게 이유를 설명하는 두 팀원이 있습니다.

팀장님, 이거 안 하려고 했던 게 아니라, 팀장님께서 업무 A를 추가로 주셨고, 회의도 참석해야 하고, 또 오늘 급한 일로 반차를 써야 해서 이 업무는 오늘까지 처리하지 못할 것 같아요.

팀장님, 제가 최근에 업무 X를 함께 진행하다 보니 이 업무에 집중하지 못했습니다. 죄송하지만 기한 내에 마치기 어려울 것 같은데, 혹시 괜찮으시면 내일까지 마무리해도 될까요?

두 팀원 모두 오늘까지 업무를 끝내지 못할 것 같다고 말하고 있습니다. 여러분이 팀장이라면 어떤 팀원을 더 신뢰할까요? 당연히 박유능 팀원일 것입니다.

박유능 팀원은 업무가 늦어지는 이유를 구체적으로 설명하고 정중하게 양해를 구한 반면, 최답답 팀원은 자신의 책임을 회피하듯 추가로 받은 업무와 회의 참석 등을 핑계로 내세웠습니다. 결국 중요한 것은 다른 사람이나 상황을 탓하며 모면하려고 하기보다 '나'를 중심에 두고 그런 일이 발생한 이유를 설명해야 상대방에게 핑계로 들리지 않는다는 점입니다.

### 화가 나더라도 차분하게 해결하세요

화가 나면 순간 감정이 앞서서 이성적인 판단이나 행동에서 멀어지는 경우도 있습니다. 하지만 막상 화가 가라앉고 나면 '그때 화만 내지 말고 어떤 부분이 속상했는지 이야기할걸' 하며 자신의 행동이나 말을 후회하곤 합니다.

회사에서도 마찬가지입니다. 당장 기분이 나쁘다고 해서 어떤 일로 기분이 상했는지 충분히 설명하지 않은 채 자신의 감정을 그대로 표출하면 함께 일하는 사람들과 관계가 나빠질 수 있습니다. 회사는 여러 사람과 함께 일하는 공간이므로 함께 일하고 싶은 사람이 되어야 원활한 관계에서 좋은 성과를 낼 수 있습니다. 따라서 감정에 앞서 말하기보다 상황을 객관적으로 바라보며 사실에 근거해 차분하게 이야기하는 연습을 많이 해야 어려운 상황에서도 문제를 잘 해결할 수 있습니다.

이번에도 사례와 함께 살펴보겠습니다. 노센스, 최답답, 박유능 팀원은 프로젝트를 함께 진행했습니다. 그런데 노센스 팀원이 팀장에게 이메일 보고를 할 때 최답답, 박유능 팀원을 참조하지 않았고, 두 팀원이 곧 이 상황을 알게 되었습니다. 최답답, 박유능 팀원은 노센스 팀원에게 다음과 같이 말했습니다.

노센스 님, 함께한 업무인데 이번 이메일 보고할 때 왜 저희를 참조하지 않으셨죠? 같이 일을 했는데 당연히 저희도 참조했어야죠. 이 정도는 기본 아닌가요?

최담담

노센스 님, 팀장님께서 노센스님이 보고한 우리 프로젝트와 관련해서 질문하셨는데 제가 그 상황을 인지하지 못해서 좀 당황스러웠어요. 확인해 보니, 노센스 님이 이메일로 팀장님께 보고를 드렸고, 그 이메일에 저희가 참조되어 있지 않았더라고요. 함께한 업무인 만큼 앞으로 프로젝트에 관한 보고를 하실 때는 저희도 함께 참조해 주셨으면 합니다.

박유능

불편한 이야기를 할 때에는 '말하는 기술'이 필요합니다. 아무리 상대방 때문에 화가 났더라도 최담담 팀원처럼 감정을 섞어서 말하는 방법은 좋지 않습니다. 잘못한 사람도 미안한 마음보다 '나를 비난하네?'라는 감정이 먼저 들어서, 결국 문제를 해결하지 못하고 기분만 상할 수 있기 때문입니다.

박유능 팀원처럼 어떤 상황이 당황스럽고 힘들었는지 그래서 이야기를 듣는 상대방이 앞으로 어떤 점을 개선해 주었으면 하는지 등 사실 위주로 말해야 문제도 해결하고 자신이 원하는 결과를 성취할 수 있습니다.

## 갈등은 만나서 대화로 푸세요

이 사례에서 또 한 가지 짚고 넘어가야 할 점이 있는데요. 바로 부정적인 상황일수록 '대화'로 풀어야 한다는 것입니다. 글로만 전달하면 표정, 제스처 등 비언어적 표현을 함께 사용하기 어려워서, 의도하지 않았더라도 자칫 상대방이 오해하는 일이 생길 수 있습니다. 음성과 표정, 제스처 등을 활용해 얼굴을 보면서 직접 말하면 나의 감정이나 상황 등을 조금 더 효과적으로 전달할 수 있어서 문제를 더 빠르게 해결할 수 있습니다.

---

**똑똑한 팀원의 알짜배기 정리**

★ 다른 사람이 아니라 '나'의 입장에서 설명하는 습관 연습하기

★ 다른 사람을 탓하며 상황을 모면하는 답변은 하지 않기

★ 감정보다 사실에 근거해서 말하기

# 15
보고는
업무를 완료한 후에 하면 되나요?

> **오늘의 목표**
> ☑ 보고의 중요성과 보고할 타이밍 알아보기

회사생활에서 보고는 매우 중요합니다. 한 번 보고하는 것만으로도 업무 능력을 인정받을 수 있고, 반대로 좋지 못한 피드백을 받아 신뢰를 잃을 수도 있죠. 이번에는 결과물을 완성하기 전에 꼭 해야 하는 '중간 보고'란 무엇인지 알아보고, 효과적으로 보고하는 방법까지 함께 배워 보겠습니다.

### 중간 보고는 필수!

연차가 낮은 팀원이 가장 실수하기 쉬운 게 있다면 '완벽하게 정리한 후 보고해야지'라고 생각하는 것입니다. 왜냐하면 상급자가 생각한 완벽한 정리와 내가 생각한 완벽한 정리가 다를 수 있기 때문입니다. 업무 마감 직전까지 열심히 작성한 보고서가 상급자의 기준에 못 미친다면 보고서를 준비하느라 들인 나의 노력과 그것을 기다린 상급자의 시간 모두를 허비한 결과가 될 수 있습니다.

따라서 **최종 결과물을 보고하기 전에 상급자와 방향성을 점검하고 생각을 조율할 수 있도록 돕는 '중간 보고'의 과정을 반드시 거쳐야 합니다.** 팀원인 나의 업무 마감이 늦어지면 자연스럽게 상급자의 업무 마감일에도 영향을 미치므로, 중간 보고를 통해 방향을 조율해서 업무 일정이 늦어지지 않도록 해 주세요.

중간 보고는 팀원이 상급자의 요청에 맞게 방향성을 조율하는 **역할뿐 아니라 업무가 어떻게 진행되는지를 공유하는 중요한 역할도 합니다.** 상급자가 묻기 전에 팀원이 먼저 중간 보고를 하면 상급자는 일의 진행 상황을 파악하고, 이후 일정을 효율적으로 관리할 수 있어서 전체 업무 처리 속도도 더욱 빨라집니다.

### 중간 보고를 할 때 4가지를 생각해 주세요

팀원이 중간 보고를 하는데 별다른 설명도 없이 "여기까지 이렇게 진행했는데요"라고만 말했다고 가정해 보겠습니다. 이럴 경우 전후 설명 없이 내용을 이해해야 하는 상급자로서는 팀원이 어떤 의도와 판단으로 업무를 처리했는지 파악하기 어려워서 피드백을 정확하게 해주기 힘듭니다.

따라서 중간 보고를 할 때는 ❶ 상급자가 처음에 요청한 사항이 무엇이었는지 먼저 설명하고, ❷ 이어서 그 요청에 맞게 현재 어디까지 진행했는지 덧붙인 뒤, ❸ 잘 진행되지 않는 부분이 있다면 그 이유와 지금까지 고민한 내용을 공유하고, ❹ 마지막으로 어떻게 발전시켜 나갈 것인지를 전달해야 합니다.

### 그럼 중간 보고는 언제 하면 될까요?

중간 보고를 할 때는 타이밍도 잘 맞춰야 합니다. 내용이 아무리 알차더라도 시기를 놓치면 상급자의 의사결정에 도움이 되지 못합니다. 너무 자주 보고하면 일을 방해하는 인상을 줄 수 있고, 반대로 너무 늦게 보고하면 상황을 통제할 기회를 잃고 맙니다.

중간 보고는 업무 진행이 30% 정도에 이르렀을 때 하는 것이 좋습니다. 보고서를 예로 들면 자료 조사가 끝나고 목차를 짜서 내용이 대략 갖춰졌을 때라고 할 수 있습니다. 이 시점에는 전체 흐름을 가늠할 수 있으면서도 수정이나 보완 작업을 할 여유가 있습니다. 하지만 예외인 경우도 물론 있습니다. 약속된 일정이 지연되거나 예산이 초과되는 등 계획과 다른 변수가 발생했을 때에는 즉시 보고하는 것이 좋습니다. 이는 변수가 생겼을 때 해결할 수 있는 골든 타임을 놓치지 않는 것이 중요하기 때문입니다.

이렇듯 중간 보고의 타이밍은 명확히 정해져 있는 것이라기보다 업무의 성격과 변동 상황에 따라 유동적으로 달라질 수 있다는 점을 잘 알아 두세요. 상황을 판단해서 적절한 시점에 보고하는 것이야말로 상급자를 안심시키고 업무를 효율적으로 추진할 수 있는 비결입니다.

### 예상과 다른 상황이 발생했을 때 중간 보고는 이렇게 해보세요

좋은 내용만 보고할 수 있다면 좋겠지만, 업무 중 예상과 다른 결과가 나왔다 해도 반드시 보고해야 합니다. 예를 들어 어떤 업무를 3,000만 원 예산 안에서 충분히 마칠 수 있을 것으로 판단해서 보고했지만, 막상 진행해 보니 원자재 가격이 급등해서 그보다 훨씬 더 많은 예산이 필요하다는 것을 확인한 상황입니다. 이럴 때에는 단순히 결과만 전달하기보다 어디에서 차이가 발생했는지 원인을 정확히 분석하고, 해결책이 있다면 함께 제시해야 합니다. 앞의 예시와 같은 상황이라면 원자재 가격이 얼마나 상승했는지, 이런 변화가 생긴 이유는 무엇인지, 추가 예산을 확보할 수 있는지 등을 함께 조사해서 보고하는 것이 좋습니다.

만약 자신이 실수로 틀린 내용을 보고했다면 그 이유를 간략히 설명하고, 업무에 혼선을 빚은 점에 대해 진심으로 사과하면서 실수를 빠르게 인정하고 개선하려는 의지를 보여야 합니다. 실수한 상황이라 하더라도 책임감 있고 솔직한 자세를 보여 준다면 상급자에게 성실하고 책임감 있는 사람이라는 긍정적인 인상을 남길 수 있습니다.

### 똑똑한 팀원의 알짜배기 정리

⭐ 업무 진행 상황을 공유하는 중간 보고는 필수!

⭐ 중간 보고에는 요청한 사항의 목적과 진행한 내용을 포함하고, 문제가 있었다면 어떤 내용이었는지 설명하기

⭐ 잘못한 점을 보고할 때는 원인과 해결책을 함께 제시하기

## 16
## 업무 마감일을 관리하는 방법이 있나요?

> **오늘의 목표**
> ☑ 업무 마감일을 지킬 수 없을 때 대처 방법 알아보기

약속을 여러 번 어긴 친구에게 믿음이 잘 가지 않는 것처럼, 회사에서도 정해진 마감 기한이나 보고 일정을 자주 어기면 책임감이 부족한 사람으로 보일 수 있습니다. 그렇지만 회사에서는 다양한 업무를 동시에 진행하므로 기한 내에 끝내기 어려운 일이 생기기도 합니다. 피치 못할 사정으로 마감일을 지킬 수 없을 때 어떻게 대처하면 좋을지 알아보겠습니다.

### 업무 마감일은 되도록이면 지켜야 해요

회사에서 업무 마감일을 지키는 것은 매우 중요합니다. 이는 **단순히 시간을 맞추는 차원을 넘어**, 업무에 대한 **책임감과 신뢰를 보여 주는 중요한 기준**이 되기 때문입니다. 회사 업무는 각각 일정한 흐름 속에서 연결되어 진행되므로, 한 사람이 마감일을 지키지 않으면 동료나 부서의 일정도 함께 늦어질 수밖에 없습니다.

또한 마감일을 지키는 것은 신뢰의 문제를 넘어서 업무를 효율적으로 관리하는 기본 습관이기도 합니다. 정해진 기간 안에 업무를 끝내야 다른 일도 계획한 대로 이어 갈 수 있고, 야근이나 불필요한 반복 작업을 줄일 수 있습니다. 반대로 마감일을 어기면 일정이 꼬이면서 우선순위를 조정하기 어렵고, 결국 자신뿐 아니라 팀 전체의 업무 흐름에도 차질이 생깁니다. 따라서 마감일을 준수하는 것은 약속을 지키는 것뿐만 아니라 시간 관리 능력을 보여 주는 중요한 기준임을 잊지 말아야 합니다.

### 마감 기한을 지킬 수 없다면 일정을 미리 조율하세요

약속한 마감 기한은 지켜야 하지만, 업무를 하다 보면 피치 못할 사정으로 기한을 맞추지 못하는 상황이 생기기도 합니다. 이럴 때 싫은 소리를 듣고 싶지 않아서, 또는 끝까지 붙잡고 있으면 될 것만 같아서 보고도 하지 않은 채 차일피일 미루다 보면 어느새 마감 기한이 코앞으로 다가올 것입니다. 이렇게 되면 마감 기한을 지키지 못한 자신 혼자만의 문제로 끝나지 않습니다. 업무를 이어받아 처리해야 하는 상급자의 계획이 틀어지거나 그 업무를 상급자가 대신 처리해야 하는 상황까지 발생할 수 있습니다. 따라서 마감 기한을 지키기 어려울 것 같다는 판단이 들면 바로 상급자에게 상황을 보고하고 업무 일정을 함께 조율해야 합니다.

이번에는 업무가 이미 많은 상황에서 추가로 업무 요청을 받았을 때 어떻게 해야 현명한지 살펴보겠습니다. 팀장이 팀원에게 시장 분석 보고서를 요청했는데, 이번 주 여러 업무가 겹쳤던 팀원은 상황 설명도 하지 않고 바로 이렇게 말했습니다.

이번 주는 업무가 많아서 안 될 것 같아요.

최담당

만약 친구에게 어떤 부탁을 했는데 아무 이유도 말하지 않고 단번에 '안 돼'라고 한다면 기분이 나쁘겠죠? 마찬가지로 회사에서도 상급자가 업무 요청을 했는데 부하 직원이 아무런 이유 없이 바로 안 된다고 한다면 의도치 않게 오해를 살 수 있습니다. 이럴 땐 할 수 없는 이유를 설명하고, 진행 중인 업무를 공유해 업무의 우선순위를 조정해야 합니다.

팀장님, 이번 주에 X, Y, Z 업무를 하고 있어서 지금 말씀하신 일은 이번 주까지 처리하기 어려울 것 같습니다. 지금 요청하신 업무가 더 급하다면 그동안 해오던 업무는 나중에 하려고 하는데, 괜찮을까요?

박유능

박유능 팀원처럼 보고한다면 현재 진행하는 업무를 상급자에게 공유할 수 있을 뿐만 아니라 업무의 우선순위를 확인하고 효율적으로 처리할 수 있습니다.

### 업무 계획은 꼼꼼하게 기억해 두세요

업무 마감일을 잘 지키고 싶다면 먼저 마감일을 확실히 인지하고, 그에 맞춰 업무 계획을 세워야 합니다. 평소 사용하는 일정 관리 앱이 있다면 그곳에 기록해 두거나, 아니면 잘 보이는 업무 공간에 탁상용 달력을 놓고 일정을 메모해 보세요. 매일 출근한 후 업무 일정을 가장 먼저 확인하면 계획에 맞춰 업무를 진행하기 쉽습니다. 이때 마감일은 하루 정도 여유를 두는 것이 좋습니다. 예를 들어 마감일이 금요일이라면 그 전날인 목요일까지 일을 끝내겠다고 목표를 세워야 계획한 대로 업무를 처리할 수 있습니다. 이처럼 업무 일정을 계획하고 하나하나 끝내는 습관을 들이면 갑자기 새로운 업무가 추가되는 등 돌발 상황이 발생하더라도 당황하지 않고 유연하게 대처할 수 있습니다.

---

**똑똑한 팀원의 알짜배기 정리**

★ 업무 마감일은 지키려고 노력하기

★ 마감일을 지킬 수 없다면 미리 보고하고 일정 조율하기

★ 매일 업무를 계획하며 우선순위 점검하기

# 팀장님이 선호하는
# 업무 방식을 알고 싶어요

> **오늘의 목표**
> ☑ 팀장별로 선호하는 업무 방식을 이해하고, 그에 맞게 업무 처리하기

사람들이 MBTI를 좋아하는 이유는 몇 가지 유형만으로도 상대방을 쉽게 파악할 수 있기 때문입니다. '저 사람은 어떤 사람이겠구나', '친해지려면 이렇게 해야겠다'처럼 짐작할 수 있으니까요. 또한 나와 맞는 사람인지, 조심할 부분은 무엇인지 파악할 수도 있습니다. 꼭 MBTI가 아니더라도 팀장의 성향을 미리 파악해 두면 업무 스타일을 맞추는 데 도움이 됩니다.

여기에서는 먼저 상급자의 유형을 크게 3가지로 나누어 소개한 후, 그에 따른 업무 처리 방법을 알아보겠습니다.

### 관행대로 일하는 걸 싫어하는 팀장

반복 업무일지라도 개선점을 발견해서 반영하고, 상황이 바뀔 때마다 유연하게 행동하는 것을 중요하게 생각하는 유형입니다. 이런 유형의 팀장이 가장 싫어하는 답변은 "그 업무는 예전에도 이렇게 했는데요"입니다. 팀장이 보기에 회사나 시장의 상황은 시간이 흐름에 따라 달라질 수밖에 없는데, 팀원이 변화를 전혀 고려하지 않고 과거 방식을 그대로 답습하거나 반복하려고만 한다면 깊이 있게 고민하지 않는 사람으로 보일 것입니다.

이러한 유형의 팀장과 일한다면 일상적인 업무일지라도 과거보다 어떤 점을 다르게 생각했는지를 강조하는 것이 좋습니다. 늘 새로운 시도를 하기는 어렵지만 어떤 부분을 개선하면 좋을지, 업무 방향을 어떻게 잡아야 할지 팀장과 지속적으로 소통하는 것을 추천합니다.

### 빠르게 보고하는 걸 강조하는 팀장

팀장은 보고만 받는 위치는 아닙니다. 업무도 직접 처리해야 하고, 임원에게 보고하는 역할도 함께 맡고 있습니다. 따라서 팀장 역시 정해진 일정과 마감일에 맞춰 움직이고, 업무 효율을 높이기 위해 팀원들에게 빠른 업무 처리를 요구하는 경우가 많습니다. 특히 업무 속도를 중요하게 생각하는 팀장일수록 마감 기한에 더욱 민감합니다. 업무의 완성도를 높이면서 마감일까지 지키면 가장 좋겠지만, 그럴 수 없다면 팀장에게 중간 보고로 진행 상황을 틈틈이 알려 주는 것이 좋습니다. 이후에는 업무를 언제까지, 어떤 방법으로 처리할 수 있는지 지속적으로 소통하세요.

## 근태를 중요하게 여기는 팀장

최근에는 자율 출근제, 재택근무 등 유연 근무제를 실시하는 회사가 많아지면서 그에 맞게 근태 기준을 마련하고 있습니다. 어떤 근무 형태이든 기본 규칙을 중요하게 여기는 상급자가 있기 마련입니다. 이런 상급자는 특히 출퇴근 시간, 보고 방식과 같은 '눈에 보이는 습관'에 민감하게 반응하며, 성실함을 중요시하는 경향이 있습니다.

이러한 유형의 팀장 밑에서 회사생활을 원활하게 하려면 지각을 하지 않는 등 직장인으로서 기본 규칙을 잘 지키고, 근무 시간에 개인 일을 하거나 SNS 등을 지나치게 하는 행동은 삼가야 합니다.

**똑똑한 팀원의 알짜배기 정리**

★ 관행대로 일하는 걸 싫어하는 팀장이라면
  반복 업무일지라도 개선점을 발견하고 유연하게 수정하기

★ 빠르게 보고하는 걸 강조하는 팀장이라면
  마감일을 잘 지키고 중간 보고 습관화하기

★ 근태를 중요하게 여기는 팀장이라면 성실한 자세로 기본 규칙 지키기

**18**

# 존재감 없는 업무만 하는 것 같아서 의욕이 떨어져요

> **오늘의 목표**
> ☑ 업무를 대하는 마음가짐, 업무 범위와 관련한 면담 방법 배우기

같은 100m 거리인데도 어떤 사람은 '100m나 남았어?'라고 하는데, 또 다른 사람은 '100m밖에 안 남았네!'라고 합니다. 회사에서 업무를 대하는 태도 또한 마음가짐에 따라 달라질 수 있습니다. 회사 업무를 즐겁고 보람차게 할 수 있도록 직장인으로서 가져야 할 긍정적이고 건강한 마음가짐을 이야기해 보겠습니다.

### 회사에서의 모든 경험은 커리어에 도움이 됩니다

회사 업무는 보통 여러 사람의 손을 거쳐 완성되죠. 그중 어려운 업무는 상대적으로 경험이 많은 상급자가 맡으므로, 연차가 낮은 팀원에게는 자연스럽게 가장 기초 단계인 일을 맡길 수밖에 없습니다.

큰 꿈을 안고 입사했는데 막상 자신이 맡은 업무가 회사, 팀, 주변 동료들에 비해 너무 사소하게 느껴질 때, 그리고 그 일이 곧바로 성과로 드러나지 않을 때는 당연히 고민할 수 있습니다.

하지만 연차가 쌓인 뒤 돌이켜 보면 팀원 시기에 맡는 업무야말로 그때만 배울 수 있는 소중한 경험이었다는 사실을 깨닫게 됩니다. 기초를 튼튼히 하지 않으면 이후 더 중요한 일을 맡았을 때에도 완성도 높은 결과를 내기 어렵습니다.

지금 맡은 일이 사소하고 작게 느껴지더라도 내가 하는 일 역시 중요하다는 마음으로 꾸준하고 성실하게 임해 보세요. 실력은 자연스럽게 쌓일 것이고, 업무에서 재미를 느끼다 보면 좋은 평가도 따라옵니다. 너무 조급해하지 말고 스스로 성장할 수 있도록 자신에게 집중해 보세요.

### 업무 적응 기간은 최소 1년! 최선을 다해 보세요

많은 사람이 첫 업무를 받았을 때 기대했던 것과 다르다는 이유로 실망하기도 하고, 심지어 어렵게 입사했는데도 퇴사까지 고민하기도 합니다. 저는 이런 분들께 업무가 맞지 않아도 1년 정도는 노력해 보라고 권합니다.

만약 전형적인 문과생인데 재무 회계나 프로그래밍 부서에 배치되었을 때를 생각해 봅시다. 이후 열심히 했는데도 업무 실력이 전혀 늘지 않는다면 그만두는 것을 생각해 볼 수도 있겠죠. 하지만 이런 상황이 아니라면, 모든 업무엔 적어도 1년 정도는 노력하고 적응하는 기간이 필요하다는 것을 기억해 두세요. 처음 맡는 일은 누구에게나 낯설고 어려울 수 있습니다. 일정 기간 동안 꾸준히 해봐야 내 적성에 맞는 일인지, 아니면 생각보다 잘 맞지 않는 일인지 판단할 수 있습니다. 너무 빠르게 판단하고 결정을 내려 기회를 놓치는 일이 없도록, 1년쯤 시간을 두고 노력해 보는 것을 추천합니다.

### 난이도가 있는 일을 맡고 싶다면 상급자에게 면담을 신청하세요

입사한 후 시간이 조금 지났는데도 여전히 같은 일만 반복하고 단순한 업무만 맡고 있거나, 자신이 주도하는 일이 없어 답답한가요? 그렇다면 상급자에게 면담을 신청해서 R&R(Role & Responsibility), 즉 자신의 역할과 책임에 관해 이야기를 나눠 보세요. 왜냐하면 상급자가 여러분의 업무 역량이나 관심 분야를 정확히 파악하지 못했거나, 어떤 일을 잘하는지 아직 알지 못할 수도 있기 때문입니다. 입사한 지 6개월 이상 지났는데 상급자에게 아무런 피드백을 받지 못했다면 면담을 신청해서 이야기하는 시간을 가져 보세요. 이렇게 하면 상급자도 한번 더 생각해 보고 조금 더 신경 써서 난이도 있는 업무의 기회를 줄 것입니다.

단, 면담 신청은 상급자의 일정이 비교적 여유로울 때 하는 것이 좋습니다. 개인 면담을 할 때는 아무 대안 없이 힘들다고만 하기보다 어떤 이유로 고민하는지, 자신이 잘할 수 있는 일은 무엇인지 생각하고 구체적으로 말해 보세요. 아무런 대안 없이 힘들다고만 말하면 상급자도 문제를 정확히 해결해 주기 어려우므로 어떤 부분에서 힘든지 그 이유를 정확하게 설명해야 합니다.

### 똑똑한 팀원의 알짜배기 정리

★ 팀원일 때 맡는 업무는 기초를 다지는 단계이므로, 결과물이 나타나지 않더라도 실망하지 않기

★ 업무가 맞지 않아도 1년 정도는 노력하며 역량을 향상하는 시간 갖기

★ 난이도 있는 업무를 받고 싶다면 상급자와 면담을 통해 해결하기

# 19
## 부당하다고 느낀 순간,
## 어떻게 말해야 할까요?

**오늘의 목표**

☑ 부당한 일을 당했을 때 해결하는 나만의 원칙 정하기

제 경험을 사례로 소개해 보겠습니다. 어느 때부터인지 회사에서는 야근과 주말 출근을 점점 당연하게 여기고, 업무에 필요한 자료인데 일부분만 공유받는 등 크고 작은 부당한 상황이 반복되기 시작했습니다. 그 당시에는 이 문제를 어떻게 해결하면 좋을지 몰라 참고 넘기기만 했고, 결국 상급자와 면담 자리에서 부서 이동을 요청했죠.

그런데 그때 상급자의 반응은 예상했던 것과 달랐습니다. 그 상급자는 부서를 이동하고 싶다는 제 요청이 너무 갑작스럽다며, 미리 말해 주었다면 당연히 배려하려고 노력했을 거라고 했습니다. 하지만 당시 저는 부당하거나 힘들다는 감정을 굳이 말하지 않아도 상급자가 당연히 알고 있을 것이라고 생각했고, 결국 제 생각과 감정을 제대로 전달하지 못한 채 혼자 오해하고 있었던 것입니다.

이 일을 겪은 후 저는 회사에서 부당한 일이 생기면 스스로 원칙을 정해 실천하게 되었습니다. 업무나 인간관계에서 힘들다면 제가 실천해 온 3가지 원칙을 참고해서 대처해 보세요.

### 부당한 일을 겪었다면 먼저 기록으로 마음을 정리하세요

부당한 일을 겪은 뒤에는 감정이 격해져서 상황을 더 크게 느끼기 쉽습니다. 이럴 때 기록을 하면 감정을 가라앉히고 마음을 차분히 정리할 수 있습니다. 언제 어떤 상황에서 어떤 말을 들었는지를 글로 옮기다 보면 감정이 진정되고 문제의 본질이 무엇인지도 더 선명해집니다. 특히 자신이 느낀 불편함을 구체적인 사실과 분리해서 적어 보면 단순히 "기분이 나빴다"가 아니라 "이런 말과 행동 때문에 불편했다"는 식으로 정리할 수 있습니다.

이렇게 하면 스스로 상황을 객관적으로 이해하게 되고, 상급자에게도 자신의 생각과 감정을 차분하게 전달할 수 있습니다. 즉, 기록은 상황을 명확하게 바라보고 불필요한 감정 소모를 줄이는 마음 정리법입니다. 기록해 두는 습관만으로도 마음을 다스리는 힘이 한층 강해집니다.

### 부당한 일이 3번 이상 반복되면 이야기하세요

아무리 부당한 일을 당했더라도 순간의 화를 그대로 드러내면 자칫 감정을 조절하지 못하는 사람으로 보일 수 있습니다. 하지만 너무 참는 것도 정신 건강에 좋지 않겠죠. 저는 동료들과의 관계에서 불필요한 갈등을 만들고 싶지 않았고, 또 시간이 지나고 보니 상대방의 행동을 내가 오해했을 수도 있겠다고 생각했습니다. 그래서 저는 저만의 원칙을 정했습니다. '업무 중에 화나는 일이 3번 이상 반복된다면, 그때는 말하자.' 그 전까지는 화가 나더라도 감정을 표현하며 대응하는 것은 자제하기로 했습니다.

### 비난하는 말은 하지 마세요

'너 때문에', '네가 잘못해서' 등의 비난하는 말을 들으면 상대방도 방어하는 식으로 대응하거나, 그 말이 틀렸다는 걸 증명하려고 같이 화를 낼 확률이 높아집니다. 그래서 저는 감정 섞인 말을 하기보다 내가 이 상황을 어떻게 느꼈는지, 그리고 상대방이 앞으로 어떻게 해주면 좋겠는지를 설명하려고 노력했습니다. 예를 들어 회사에 아직 출근하지 않았는데 메신저로 계속 업무 요청을 하는 상급자에게는 "회사 일이 저에게 중요하지만, 업무 시간이 아닌 출근길에 업무 요청을 하시면 그 업무를 생각하느라 이후 오전 업무 시간에도 집중하기가 어렵더라고요"라고 먼저 느낀 대로 설명해 드렸습니다. 이어서 "앞으로는 출근한 후에 말씀해 주시면 집중해서 업무를 처리할 수 있을 것 같은데, 혹시 괜찮으실까요?"라고 부드럽게 제안했습니다.

상대방을 비난하기보다 '나'를 중심에 놓고 느낀 점과 앞으로 희망하는 내용을 전한다는 원칙을 세워서 실천한 것입니다.

회사생활에서 사람과의 관계는 쉽지 않지만 그렇다고 해서 모든 걸 배려하고 참기만 한다면 자신의 마음이 다칠 수 있어요. 다른 사람을 존중하면서 내 마음도 잘 다독여 줄 수 있는 자신만의 방법을 찾으면 건강한 회사생활을 유지할 수 있답니다.

---

**똑똑한 팀원의 알짜배기 정리**

⭐ 기록은 감정을 다스리고 상황을 객관적으로 바라보는 힘을 갖게 한다는 것을 알기

⭐ 부당한 일이 3번 이상 지속되면 조심스럽게 이야기하기

⭐ 상대방을 직접 비난하는 말은 하지 않기

일머리스쿨의
비밀 자료
**02** | # 문서 버전과 폴더 관리 노하우

문서 버전 관리를 제대로 하지 않으면 같은 파일이 여러 개일 때 어떤 것이 최신 버전인지 헷갈릴 수 있습니다. 어디에 저장했는지 기억도 나지 않고 검색까지 안 된다면 파일을 찾는 데만 시간을 허비하겠죠. 파일을 꼼꼼하게 정리하려면 어떻게 해야 하는지 알아보겠습니다.

**폴더는 주요 업무별로 정리하세요**
파일을 업무별로 구분한 뒤 폴더에 넣어 정리해 두면 아무리 오래된 파일이라도 위치를 쉽게 파악할 수 있습니다. 급하게 파일을 찾아야 할 때도 불필요한 시간을 줄여 업무 능률을 높일 수 있고요. 따라서 주요 업무별로 폴더를 만들어 바탕화면을 깔끔하게 관리하는 것이 좋습니다.

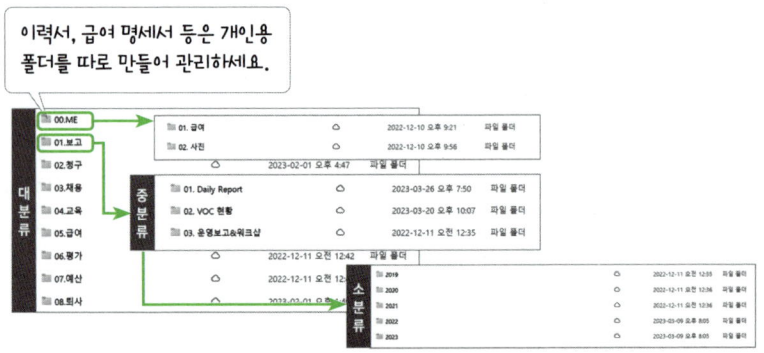

주요 업무별로 폴더와 파일을 정리한 예시

폴더는 업무별, 연도별 등의 규칙을 정해서 관리하는 방법을 추천합니다. 자신이 분류하기 편한 대로 대분류 → 중분류 → 소분류의 기준을 정하고 그 기준에 맞춰 진행하면 됩니다.

| 분류 | 내용 | 사용 예 |
| --- | --- | --- |
| 대분류 | 업무의 성격 | 보고, 청구, 채용, 교육, 급여, 평가, 예산, 퇴사 등 |
| 중분류 | 업무의 종류 | 일일 보고, VOC 현황, 운영 보고 & 워크숍 |
| 소분류 | 연도 | 2021, 2022, 2023, 2024, 2025 |

자주 반복하거나 중요한 업무가 있다면 폴더의 번호를 매기는 것도 좋은 방법입니다. 폴더를 번호순으로 정렬하면 관리하기가 조금 더 수월해집니다. 업무 외에 이력서나 급여 명세서 같은 문서는 개인용 폴더를 만들어 관리하는 것이 좋습니다.

### 파일명은 규칙을 정해서 관리하세요

파일 이름을 관리할 때는 작성일 또는 업무명을 기준으로 정리해 보세요. 최근에 작업한 파일을 찾을 일이 많다면 작성일을 기준으로 정리해도 됩니다. 파일이 날짜 순서대로 정렬되므로 한눈에 파악할 수 있어서 편리합니다. 하지만 한 폴더에 파일이 여러 개 있다면 업무명을 파일명 맨 앞에 두는 규칙을 정해서 저장하면 좋습니다.

| 유형 | 파일명 작성 규칙 | 파일명 예 |
| --- | --- | --- |
| 작성일 기준 | 날짜_업무명_버전 | · 20250209_BusinessWatch_v6.2<br>· 20250210_BusinessWatch_v7.1<br>· 20250210_BusinessWatch_v7.2 |
| 업무명 우선 | 업무명_날짜_버전 | · BusinessWatch_20250209_v6.2<br>· BusinessWatch_20250210_v7.1<br>· BusinessWatch_20250210_v7.2 |

**파일의 버전을 구분해서 저장하세요**

여러 업무를 하다 보면 파일 관리에서 가장 실수를 많이 하는데요. 파일을 여러 번 변경하는 일이 생기기 때문입니다. 수정하고 나서 그 파일을 그대로 저장하면 이전 내용을 덮어써서 찾을 수 없습니다. 그러므로 파일을 수정하기 전으로 되돌려야 할 경우를 대비해 변경 이력을 관리하는 차원에서 저장할 때마다 버전을 구별해서 보관하는 것이 좋습니다.

파일명 끝에는 순서를 알 수 있도록 v1, v2 등을 붙이면 됩니다. 그리고 최종 버전인 파일이나 폴더 이름에는 'Final' 또는 '최종'이라는 단어를 붙여서 구분해 주세요. 이렇게 하면 오랜 시간이 지난 후에도 어떤 버전이 최종인지 확인하기 쉽습니다.

| 이름 | 상태 | 수정한 날짜 | 유형 | 크기 |
| --- | --- | --- | --- | --- |
| 📁 최종본 | ⊘ | 2023-08-30 오후 1:47 | 파일 폴더 | |
| ★Business_Watch_2024_v2.1 | ⊘ | 2023-07-19 오전 10:58 | Microsoft PowerP... | 8,223KB |
| ★Business_Watch_2024_v3.1 | ⊘ | 2023-07-25 오후 6:03 | Microsoft PowerP... | 24,530KB |
| ★Business_Watch_2024_v3.3 | ⊘ | 2023-07-26 오후 3:15 | Microsoft PowerP... | 28,257KB |
| ★Business_Watch_2024_v4.2 | ⊘ | 2023-08-07 오후 7:05 | Microsoft PowerP... | 34,350KB |
| ★Business_Watch_2024_v4.3 | ⊘ | 2023-08-04 오후 6:04 | Microsoft PowerP... | 34,924KB |
| ★Business_Watch_2024_v4.4 | ⊘ | 2023-08-07 오후 7:06 | Microsoft PowerP... | 35,720KB |
| ★Business_Watch_2024_v4.5 | ⊘ | 2023-08-09 오후 4:05 | Microsoft PowerP... | 38,839KB |
| ★Business_Watch_2024_v4.5_ | ⊘ | 2023-08-16 오후 6:02 | Microsoft PowerP... | 35,538KB |
| ★Business_Watch_2024_v5.2 | ⊘ | 2023-08-16 오후 5:56 | Microsoft PowerP... | 27,943KB |
| ★Business_Watch_2024_v5.2_ | ⊘ | 2023-08-17 오후 5:49 | Microsoft PowerP... | 27,957KB |
| ★Business_Watch_2024_v6.1 | ⊘ | 2023-08-21 오후 6:17 | Microsoft PowerP... | 25,578KB |
| ★Business_Watch_2024_v6.2 | ⊘ | 2023-08-22 오후 5:46 | Microsoft PowerP... | 23,415KB |
| ★Business_Watch_2024_v6.2_ | ⊘ | 2023-08-23 오후 4:42 | Microsoft PowerP... | 23,390KB |
| ★Business_Watch_2024_v6.4 | ⊘ | 2023-08-23 오후 4:02 | Microsoft PowerP... | 23,107KB |
| ★Business_Watch_2024_v6.5 | ⊘ | 2023-08-30 오전 12:13 | Microsoft PowerP... | 24,482KB |
| ★Business_Watch_2024_v7.1_Final_표지... | ⊘ | 2023-08-30 오후 1:49 | Microsoft PowerP... | 99,224KB |

파일의 버전 관리 예시

**불필요한 폴더와 파일은 주기적으로 정리해 주세요**

회사에서는 보고서 초안, 회의 자료, 이미지, 메신저 첨부 파일 등을 많이 보기 때문에 며칠만 지나도 파일이 정리하기 어려울 정도로 쌓이기 쉽습니다. 정리되지 않은 파일은 단순히 공간만 차지하는 것을 넘어 다양한 문제를 일으킵니다. 우선 필요한 자료를 찾는 데 시간이 오래 걸리고, 비슷한 파일이 많으면 최종본을 혼동해 업무에 혼선이 생기기도 합니다. 더 큰 문제는 보안 위험입니다. 오래된 파일에 고객 정보나 기밀이 남아 있다면 유출 가능성도 높아집니다. 따라서 파일 정리는 단순한 정리를 넘어서, 업무 효율성과 보안을 위한 필수 작업입니다.

따라서 최소한 분기마다 한 번씩 개인 폴더와 팀 공유 폴더를 살펴보며 필요 없는 파일을 정리해야 합니다. 이때 삭제할 파일과 보관할 파일을 구분해 두는 것이 좋습니다. 당장은 쓰지 않더라도 앞으로 필요할 것 같은 파일은 '보관용 폴더'를 따로 만들어서 옮겨 두어야 안전합니다. 또한 개인이 보관하고 있는 중요한 문서는 반드시 공용 저장소에 이관해 팀원과 공유하고, 이후 개인 폴더에서는 삭제하는 것이 좋습니다.

폴더와 파일을 정리할 때도 원칙을 지켜야 합니다. 폴더 체계를 단순화해서 파일이 중복 저장되지 않도록 하고, 파일 이름은 날짜·버전·작성자를 표시해 누구나 쉽게 알아볼 수 있도록 해야 합니다. 불필요한 임시 파일이나 초안, 중복 파일은 발견하는 즉시 삭제하는 습관을 들이는 것이 이상적입니다. 중요한 자료라면 삭제 대신 백업 시스템이나 클라우드에 안전하게 보관해야 합니다.

프로젝트가 끝난 직후나 월말에 30분만 투자해도 파일 환경은 훨씬 깔끔해집니다. 폴더와 파일을 삭제할 때에도 사전에 팀원과 상의해서 혹시 필요한 자료가 있는지 확인하는 것이 중요합니다. 이렇듯 폴더와 파일 관리라는 사소해 보이는 작업도 서로 배려함으로써 협업을 더 원활하게 만들어 주는 긍정적인 역할을 합니다.

결국 불필요한 파일을 정리하는 일은 단순히 '깨끗해 보이기 위해 청소'하는 것이 아닙니다. 이 작업은 업무 속도를 높이고, 사고를 예방하며, 조직 전체의 신뢰를 지키는 기본 습관입니다. 작은 정리 습관이 쌓이면 업무 효율은 좋아지고 불필요한 리스크는 줄어듭니다.

# 03

# 일 잘하는 팀원의 비밀, 업무 소통

05
어디서나 탐내는 인재로
거듭나고 싶어요!

02 & 03
일잘러가 되고 싶어요!

04
보고서 작성의
달인이 될래요!

01
예쁨받고 싶어요!

회사생활에서는 '소통'만 잘 해도 능력 있는 사람으로 보입니다. 하지만 상급자나 동료와 이야기할 때에는 어떻게 해야 하는지 바로 깨닫기는 어렵죠. 이번에는 미팅과 회의 준비하기, 회의록 작성하기, 이메일 작성하기, 타 부서에 업무 요청하기 등 회사에서 가장 기본적으로 이루어지는 관련 소통 팁을 알아보겠습니다.

20 · 첫 외부 미팅, 뭘 준비해야 할까요?
21 · 회의 준비는 어떻게 하나요?
22 · 회의록은 꼭 작성해야 하나요?
23 · 업무 요청을 받았는데, 바로 답변해야 하나요?
24 · 이메일을 잘 쓰고 싶어요!
25 · 상황별 이메일은 어떻게 쓰나요?
26 · 유관 부서에 업무 요청하는 방법을 알려 주세요!

# 첫 외부 미팅,
# 뭘 준비해야 할까요?

**오늘의 목표**

☑ 명함 교환과 악수 등 비즈니스 매너 익히기

업무 미팅에서 처음 만난 사람이 있을 때에는 소속과 이름을 소개하면서 서로 명함을 교환하곤 하는데요. 명함을 주고받는 것은 상대방에게 자신의 직위나 직책, 소속, 연락처를 명확히 전달함으로써 비즈니스 관계를 공식적으로 시작하는 의미가 있습니다. 원활하게 의사소통할 수 있는 첫 단계인 만큼 미팅 자리에서 지켜야 할 매너를 잘 알아야 상대방에게 좋은 인상을 줄 수 있습니다.

## 명함을 주고받을 때도 기본 에티켓이 있어요

명함은 반드시 서서 두 손으로 주고받고, 직급이 낮은 사람이 높은 사람에게 먼저 주어야 합니다. 직급을 모르거나 대등한 관계라면 동시에 주고받는데, 이때 명함 정보는 상대방이 읽을 수 있는 방향으로 건넵니다. 이와 동시에 정중하면서도 밝은 표정으로 인사말을 건네면서 자신의 소속을 밝힙니다.

명함을 받은 뒤에는 상대방의 명함에 잠시 집중하며 "네, 김유미 과장님. 반갑습니다"라고 상대방의 이름과 직급을 말하면서 확인하는 것이 좋습니다. 만약 명함에 한자만 적혀 있거나 모르는 단어가 있어서 알아볼 수 없다면 그 자리에서 상대방에게 자연스럽게 물어봅니다. 명함을 주고받았다면 바로 주머니에 넣지 말고 테이블 위에 가지런히 올려놓은 상태에서 미팅을 진행하세요.

상대방의 이름, 회사, 직위나 직책 등이 담겨 있는 명함은 곧 그 사람의 얼굴입니다. 따라서 받은 명함은 미팅을 진행하는 동안 접거나 구기지 말고 깔끔하게 다뤄야 합니다. 상대방을 잘 기억하고 싶다고 해서 미팅 중에 날짜나 미팅 주제 등을 명함에 메모하는 것은 예의에 어긋나는 행동입니다. 여러 사람을 만나서 누구인지 헷갈리지 않도록 명함에 기록하고 싶다면 미팅이 끝난 후에 특징을 간략하게 기록하는 것이 좋습니다.

### 악수는 한 손으로 하면 돼요

팬데믹 기간을 겪은 후로는 미팅을 할 때 악수를 잘 하지 않는 편인데요. 이전만큼 필수는 아니지만 여전히 종종 악수를 요청하는 사람도 있습니다.

악수할 때에는 상대방의 눈을 바라보며 오른손으로 합니다. 대부분의 사람들이 오른손잡이여서 악수할 때도 오른손을 사용하는 것이 일반적입니다. 역사적으로도 악수는 평화를 상징하는 것으로, 상대방을 공격하지 않겠다는 뜻을 표시하는 행동이었다고 합니다. '내 손에는 무기가 없어'라는 것을 보이려고 오른손을 내밀면서 인사하는 것이죠.

조금 더 예의를 차리기 위해 두 손으로 악수하면 안 되는지 가끔 질문을 받기도 하는데, 비즈니스에서 악수는 한 손을 사용하는 것이 원칙입니다. 두 손을 모두 사용해서 악수하면 상대방이 불편해할 수도 있기 때문입니다. 악수할 때는 적당한 거리를 두고 서서 상대방의 손을 너무 약하지도 세지도 않게 적당한 힘으로 2~3초 잡았다 놓습니다. 이때 시선은 자신감 있는 태도로 상대방을 마주보면 됩니다.

## 프레젠테이션을 하게 되었을 땐 자료를 준비해요

외부 미팅 자리에서 상대방에게 준비한 자료를 보여 주며 내용을 설명해야 할 때도 있습니다. 이런 상황에서 상대방에게 내용을 명확하게 전달하려면 준비해야 할 것들이 있습니다.

첫 번째는 설명할 자료입니다. 먼저 미팅 장소에서 프레젠테이션을 할 수 있는지, 그리고 노트북이 필요한지 확인해야 합니다. 만약 노트북이 필요한 경우 개인 노트북을 지참하거나, 발표 자료를 USB에 저장해 가는 것이 좋습니다. USB 사용을 제한하거나 보안상의 이유로 지참하기 어려운 경우에는 미리 이메일로 파일을 보내 놓거나 출력물을 준비해 가는 방법도 고려할 수 있습니다.

두 번째는 질문을 받을 때 사용할 필기도구 또는 태블릿 PC입니다. 미팅에서 중요한 내용을 메모하는 것은 비즈니스 매너일 뿐만 아니라 향후 업무 진행을 위해 반드시 필요하므로, 상대방이 이야기하는 내용은 적극 기록합니다. 최근에는 클로바노트 등 AI에 기반한 음성 인식 앱을 이용해 회의 내용을 녹음한 후, AI가 요약한 내용을 바탕으로 필요한 정보를 빠르게 찾을 수도 있습니다. 또한 회의 내용을 자동으로 정리해 팀원들과 바로 공유할 수 있어, 시간을 줄이고 협업을 원활하게 만듭니다.

> **똑똑한 팀원의 알짜배기 정리**
>
> ⭐ 명함은 서서 두 손으로 잡고, 상대가 읽을 수 있는 방향으로 건네기
>
> ⭐ 상대방이 있는 곳에서는 명함에 메모하지 말고, 테이블 위에 가지런히 올려놓은 채 미팅 진행하기
>
> ⭐ 악수할 때는 서로 눈을 보며 오른손 사용하기

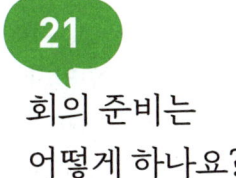

# 21
## 회의 준비는 어떻게 하나요?

**오늘의 목표**
☑ 센스 있는 회의 진행을 위해 준비에서 마무리까지 알아보기

회사에서는 회의 준비를 해야 하는 상황이 자주 생깁니다. 회의 준비를 하라는 지시를 받으면 처음에는 누구나 막막하고 당황스러울 수 있습니다. 센스 있게 회의 준비하는 방법을 알아보겠습니다.

### 어떤 것을 준비해야 하는지 확인하세요

회의 준비를 할 때에는 먼저 회의 방식이 오프라인인지 온라인인지 확인해야 합니다. 일반적으로는 오프라인 회의가 더 많지만, 팬데믹 이후 재택근무 등으로 근무 형태가 다양해지면서 온라인 회의를 하는 곳도 많아졌기 때문입니다.

우선 회의 참석자들의 일정을 확인한 후 회의 목적과 날짜, 시간, 장소 등을 미리 알려 주어야 하는데요. 이때 회의 일정은 일방적으로 통보하는 것이 아니라 회의 참석자들과 일정을 먼저 조율한 뒤 안내해야 참석자들의 일정 충돌이나 혼선을 줄일 수 있습니다. 사내에서 온라인으로 함께 사용하는 업무 캘린더가 있다면 회의 참석자들의 일정을 미리 메신저나 전화로 확인하는 방법도 괜찮습니다. 이후 회의 방식에 따라 온라인 원격 회의라면 줌(Zoom), 웹엑스(Webex) 등의 링크를 사전에 생성해서 참석자들에게 공유하고, 오프라인 회의라면 회의 참석자 수에 맞는 규모로 회의실을 예약한 후 장소를 공지하면 됩니다.

### 회의실 세팅은 회의 시작 15분 전까지 마쳐 주세요

일반적으로 회의 참석자는 회의를 시작하기 5~10분 전에 회의실에 입장합니다. 그러므로 회의를 준비하는 역할을 맡았다면 참석자보다 먼저 회의실에 도착해서 자료를 발표할 수 있도록 세팅 작업을 해야 합니다. 먼저 회의할 때 필요한 TV 또는 빔 프로젝터, 노트북 등이 준비되었는지, 혹시 회의 자료에 문제가 있는지 점검합니다.

발표 자료를 USB에 저장해 회의실의 노트북에서 실행했는데 해당 노트북에 설치된 오피스 프로그램의 버전에 따라 자료가 제대로 표시되지 않을 수도 있습니다. 따라서 사전에 회의실에 도착해서 파일을 실행해 보며 확인해 두는 것이 좋습니다. 회의의 성격에 따라 물, 다과 등도 준비해야 하는지 미리 확인하는 것이 좋습니다.

### 회의실 자리 배치도 알아 두세요

다음으로 회의실 자리를 점검해야 합니다. 요즘에는 회사 분위기가 자유로워져서 상석을 따지지 않는 경우도 있지만, 격식 있는 회의라면 자리를 미리 생각해 두는 것도 좋겠죠. 상석은 출입문의 위치에 따라 바뀝니다. 회의실에서 가장 좋은 자리는 전망이 좋거나 출입문과 가장 멀리 떨어져 있는 위치입니다. 따라서 다음 이미지를 참고해서 가장 높은 직급의 자리를 ❶로 지정하고, 직위나 직책에 따라 차례로 배정하면 됩니다.

직위나 직책 순서대로 배치한 자리

### 회의 종료 후엔 뒷정리도 잊지 마세요

회의가 끝나면 다음에 이용할 사람을 위해 뒷정리를 해야 합니다. 화이트보드를 사용했다면 내용을 지우고, 사용한 전자 기기도 원래 위치로 옮겨 둡니다. 또한 후속 미팅이 예정되어 있다면 미팅이 끝나기 전에 참석자들에게 일정을 확인하여 다음 미팅 일정을 그 자리에서 확정하는 것도 좋은 방법입니다. 모든 참석자의 일정을 그 자리에서 한번에 확인하고 조율해서 확정할 수 있으므로 효율적이기 때문입니다.

마지막으로 회의 내용을 정리해서 공유해야 하는데요. 회의 참석자는 물론이고 회의 내용과 연관된 사람들에게 회의에서 사용한 자료 파일이나 회의록 등을 이메일로 공유해 업무가 원활하게 진척될 수 있도록 합니다.

**똑똑한 팀원의 알짜배기 정리**

★ 회의 방식(온라인, 오프라인)을 확인하고 참석자에게 안내하기

★ 회의실 준비는 회의 시작 15분 전에 완료하기

★ 회의를 마치면 뒷정리한 후, 참석자에게 회의록 등 공유하기

# 22
# 회의록은
# 꼭 작성해야 하나요?

**오늘의 목표**
☑ 회의록의 의미와 작성할 때 반드시 지켜야 할 포인트 이해하기

회사에서는 다양한 부서와 협업해야 해서 여럿이 모여 회의를 진행하는 경우가 많습니다. 회의할 때마다 회의록을 작성해야 하는 것은 아니지만, 중요한 의사결정을 하거나 임원들이 참석하는 회의라면 그 자리에서 결정한 핵심 사안 등을 기록해야 합니다. 그래야 회의를 마친 후 참석자를 비롯해 연관된 사람에게 회의 내용을 원활하게 공유하고, 이후 업무에 참고하도록 할 수 있습니다. 그럼 회의록을 효과적으로 작성하는 방법을 알아보겠습니다.

## 회의록은 이렇게 구성해요

회의록을 작성하는 이유는 회의에 참석하지 않은 사람도 결정된 사항에 맞게 업무를 처리할 수 있도록 하기 위해서입니다. 그러므로 회의록은 회의에 참석하지 않은 사람에게도 내용을 명확히 전달하고, 결정된 사안에 따라 각자의 역할과 업무를 조정하거나 부여할 수 있도록 일목요연하게 정리해야 합니다. 이렇게 해야 누구나 전체 흐름을 빠르게 파악하고 업무의 효율성을 높일 수 있습니다.

다음 예시에서 회의록 문서는 어떻게 구성하는지 살펴보고, 이어서 각 항목마다 어떻게 작성했는지 자세히 분석해 보겠습니다.

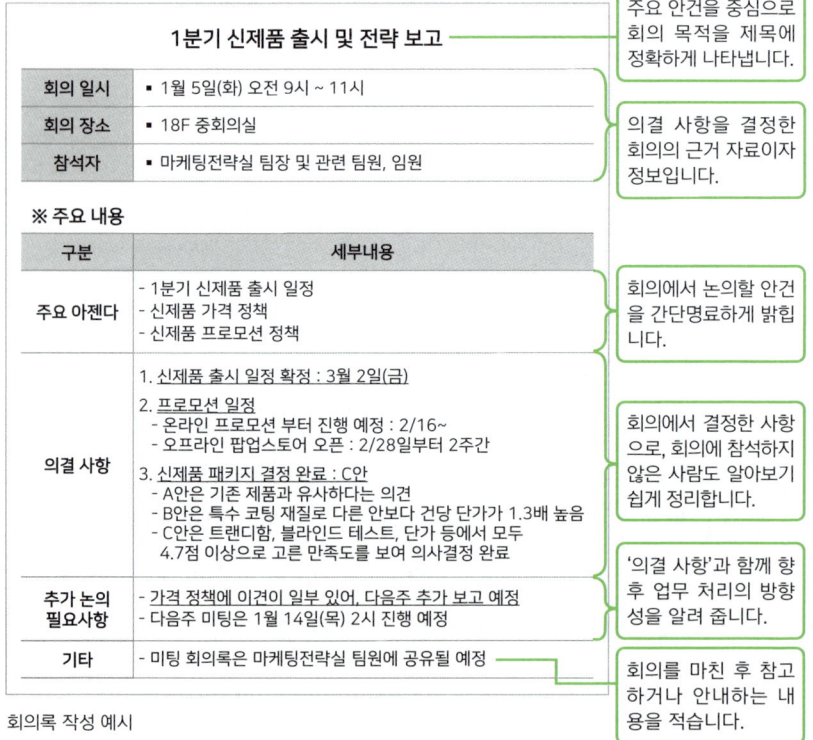

회의록 작성 예시

회의록에서 가장 중요한 2가지는 회의 일시와 참석자입니다. 회의 일시가 없다면 회의록을 통해 공유받은 내용이 언제 결정됐는지, 처리는 완료됐는지 등을 확인하기 어렵습니다. 또, 참석자가 작성되어 있지 않다면 누가 의사결정을 했는지 알 수 없어서 후속 업무를 처리할 때 누가 어떤 역할을 해야 하는지 명확하게 정리하기 어렵죠. 회의록을 작성할 때에는 보는 사람이 꼭 알아야 할 정보를 빠르게 파악할 수 있도록 회의 일시와 참석자를 회의록 상단에 잘 보이게 작성합니다.

## 회의록은 녹취록을 작성하는 것이 아닙니다

중요한 회의 내용을 기록할 때 클로바노트 등 AI 녹음 앱을 활용하기도 합니다. AI 녹음 앱은 녹음한 내용을 녹취록으로 생성할 뿐 아니라 주요 내용을 일목요연하게 정리하고 시간대별로 중요한 내용까지 요약해 주는 등 업무의 효율성을 높이는 편리한 도구입니다. 하지만 회의록은 녹취록의 형태로 작성해서는 안 된다는 점을 꼭 기억해야 합니다. 생각보다 많은 사람이 회의록과 녹취록을 같은 것으로 착각하는데, 이번에는 다음 예시를 통해 회의록을 녹취록처럼 작성하면 안 되는 이유를 살펴보겠습니다.

> 팀장 A: 그 안건은 비용 문제도 있고, 현재 시기에는 파트너사들도 일정을 맞추기 어려울 것 같습니다.
> 팀장 B: 하지만 그것 외에는 다른 방법이 없지 않나요?
> 팀장 C: 저는 그렇게 생각하지 않습니다.
> (… 생략 …)

이 예시는 대화 내용 그대로 글로 옮겨 놓은 전형적인 녹취록입니다. 녹취록은 회의에서 나온 모든 발언을 그대로 기록하는 방식이므로 꼼꼼하게 읽지 않으면 중요한 부분이 어디인지 확인하기 어렵습니다. 또한 회의 내용을 파악하려면 처음부터 끝까지 많은 분량을 읽어야 해서 시간도 많이 걸립니다.

긴 글보다 짧은 글이 더 이해하기 쉬운 것처럼, 회의 내용은 장황하게 문장으로 쓰기보다 짧게 끊고 중요한 요점을 개조식으로 짧게 표현해서 가독성을 높이는 것이 좋습니다. 또한 표를 사용하면 글만 잇따라 나열하는 것보다 정보를 빠르게 파악하는 장점도 있습니다.

### AI가 요약했어도 검토는 필수입니다

그럼 AI 녹음 앱에서 정리해 준 요점을 그대로 복사해서 붙여 넣는 건 괜찮을까요? 이것도 좋은 방법은 아닙니다. AI 녹음 앱은 학습받은 대로 중요하다고 판단되는 내용을 요약해 주는데, 회의 참석자들만큼 업무의 이해도가 높지 않으므로 자칫 요점을 놓칠 수 있습니다. 또한 현재 AI는 사람의 말과 소음을 아직 완벽하게 구분하지 못해서 잘못 해석하거나 요약할 수도 있고요. 이처럼 AI 녹음 앱은 회의록을 작성할 때 도움을 줄 수는 있지만, 반드시 작성자가 직접 정리하고 부족한 부분을 채워 가는 형식으로 사용해야 합니다.

### 회의록은 되도록이면 빠르게 작성해서 공유하세요

회의록을 잘 작성하는 것만큼 잘 공유하는 것도 매우 중요합니다. 회의에 참석하지 않은 사람도 회의록을 통해 결정된 사항을 알아야 하기 때문입니다. 그렇다면 회의록을 늦게 공유할수록 업무에 차질이 생길 수밖에 없겠죠.

따라서 회의록은 가능하면 빠르게 정리해서 공유해야 합니다. 회의 내용을 나중에 정리하기보다 회의할 때 나온 중요한 내용은 핵심만 바로바로 적어 두는 게 좋습니다. 월요일에 회의를 진행했다면 늦어도 다음날인 화요일 오전까지 회의록을 공유하는 것이 좋습니다.

---

**똑똑한 팀원의 알짜배기 정리**

★ 회의록 내용에는 언제 진행한 회의인지, 주제는 무엇인지, 의결 사항이 있는지 꼼꼼히 작성하기

★ 회의록은 중요한 요점 위주로 간결하게 정리하고, 가능한 한 빠르게 공유하기

## 23
## 업무 요청을 받았는데,
## 바로 답변해야 하나요?

**오늘의 목표**
☑ 메신저와 이메일로 업무 요청을 받았을 때 처리하는 방법 알아보기

우리는 중요하거나 급한 일이 있을 때 상대방이 빠르게 응답해 주기를 기대합니다. 메시지를 오랜 시간 읽지 않거나, 읽었는데 답장을 하지 않으면 친구 사이라도 기분이 상할 수 있죠. 회사에서 여러분에게 업무 요청을 하는 상급자의 마음도 마찬가지입니다. 그럼 이번에는 메신저와 이메일로 업무 요청을 받았을 때 어떻게 대답하고 처리하면 되는지 알아보겠습니다.

### 메신저로 업무 요청을 받았다면 빠르게 답변해 주세요

메신저는 인터넷 환경만 된다면 언제 어디서나 손쉽고 빠르게 전달하고 확인할 수 있다는 점이 가장 큰 특징입니다. 그러므로 업무 요청을 했는데 확인하지 않거나, 확인하고도 답이 없다면 업무를 요청한 쪽은 답변을 계속 기다릴 거예요. 회사에서는 사내 메신저를 틈틈이 살펴보는 습관을 들이고, 메시지를 확인했다면 바로 대답하는 것이 좋습니다. 모르는 내용이라면 확인한 후 답변 드리겠다고 상대방에게 양해를 구하면 됩니다.

어떻게 대답할지 몰라 한참 지나서 대답하거나, 아예 대답조차 하지 않는다면 상대방은 메신저를 수시로 확인해야 해서 번거로울 뿐 아니라 메시지를 읽고도 답하지 않는 상대방의 태도에 기분까지 상할 수 있습니다. 왜 그런지 예시로 살펴보겠습니다.

이번 달 매출액과 영업이익이 전월대비 하락한 이유가 궁금했던 팀장이 최답답, 박유능 팀원에게 각각 메신저로 그 이유가 무엇인지 물었습니다.

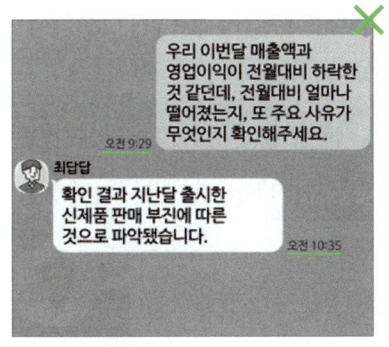

확인한 후 1시간 뒤 답변

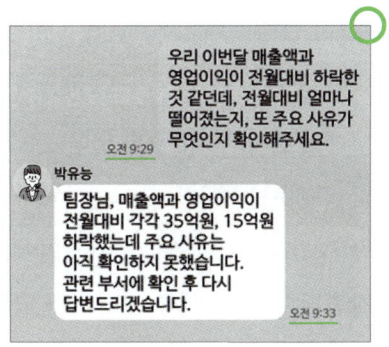

먼저 답변하고 모르는 부분 확인

업무 요청을 했는데 최답답 팀원처럼 오랜 시간 아무런 답도 하지 않는다면 팀장은 최답답 팀원이 요청 사항을 확인하고 있는지, 아니면 다른 것을 하는지 짐작으로만 판단해야 해서 오해나 불안감을 줄 수 있습니다. 이런 경우에는 박유능 팀원처럼 아는 부분은 먼저 빠르게 답변하고 이어서 모르는 부분을 확인하는 순서로 해야 불필요한 오해 없이 업무를 효율적으로 처리할 수 있습니다. 그래서 메신저로 업무를 요청받았을 때는 아는 부분은 신속하게 답변하고, 모르는 부분은 빠르게 확인한 후 보고드리겠다고 바로 회신하는 편이 좋습니다.

그런데 만약 퇴근 시간이 한참 지나 업무 요청 메시지를 확인했다면 어떻게 해야 할까요? 분초를 다투는 정말 급한 일이 아니라면 다음날 업무 시간에 답변하면 됩니다. 단, 상대방은 업무 시간에 업무 요청을 했는데 내가 확인하지 못했으므로, 다음날 업무 시작 시간에 맞춰 메시지를 늦게 확인한 점에 대해 양해를 구하고 답변하는 것이 좋습니다.

### 이메일로 받은 업무 요청에도 반드시 회신해야 해요

이메일로 업무 요청을 받는 경우에도 메신저와 마찬가지로 확인했다는 회신을 해야 합니다. 이메일이 번거롭다면 보내 준 이메일을 잘 받았고, 바로 또는 기한 안에 처리하겠다고 메시지를 보내도 괜찮습니다. 이메일은 메신저와 달리 상대방이 확인했는지 바로 알 수 없는 경우도 있어서 답변을 기다리는 사람이 더욱 불편해할 수 있다는 점도 염두에 두세요. 답변을 바로 보내야 할지 고민된다면 우선 보내는 것을 추천합니다.

## 구두나 전화로 받은 요청도 기록하는 것이 좋아요

업무 요청이 이메일이나 메신저로만 오는 것은 아닙니다. 회의 도중에 상급자가 말로 지시를 하거나 다른 사람이 전화로 업무 요청을 대신 전달할 때도 많습니다. 이런 경우에는 내용을 금세 잊어버리거나 다른 기억으로 남을 수도 있어서 나중에 문제가 생기기 쉽습니다.

따라서 구두나 전화로 받은 요청은 반드시 기록으로 남기는 습관을 들여야 합니다. 통화 직후 간단히 메모를 남기거나, "방금 말씀하신 ○○ 건은 제가 ○○일까지 진행하면 될까요?"처럼 메신저나 이메일로 재확인하는 것이 좋습니다. 이렇게 하면 자신이 정확히 이해했는지를 상급자에게 다시 확인받을 수 있고, 이후 진행 과정에서 발생할 수 있는 오해도 예방할 수 있습니다.

---

**똑똑한 팀원의 알짜배기 정리**

★ 메신저로 업무 요청을 받았다면 빠르게 답변하기

★ 이메일로 업무 요청을 받았다면 언제까지 처리할 것인지 회신하기

★ 구두나 전화로 업무 요청을 받았다면 기록으로 남기기

# 이메일을 잘 쓰고 싶어요!

> **오늘의 목표**
> ☑ 이메일의 4가지 구성 요소와 작성 방식 알아보기

이메일은 업무를 원활히 진행하기 위해 하루에도 몇 번씩 작성합니다. 직장에서 많이 쓰는 소통 수단 중 하나인 이메일은 기록으로 남기 때문에 결재 서류에 버금가는 효력을 지닙니다. 지금부터 이메일의 4가지 구성 요소를 중심으로 어떻게 하면 이메일을 더 효과적으로 작성할 수 있는지 알아보겠습니다.

## 이메일을 작성할 때 구성을 염두에 두세요

이메일은 받는 사람, 참조, 제목, 내용으로 구성됩니다.

- **받는 사람**: 이메일을 직접 읽고 처리해야 하는 사람
- **참조**: 메일의 주 수신자는 아니지만 내용을 알아야 하는 사람
- **제목**: 이메일의 목적과 핵심 내용을 한눈에 파악할 수 있도록 붙인 이름
- **내용**: 인사말 → 본문 내용 → 맺음말 순서로 작성

[받는 사람]은 이메일을 직접 받아서 내용을 확인하고 처리해야 하는 대상입니다. 수신인이라고도 하며, 보낸 사람에게 회신을 보내는 일을 담당합니다. 이메일을 받는 사람은 다음 예시처럼 사안에 따라 1명 이상으로 설정할 수도 있습니다.

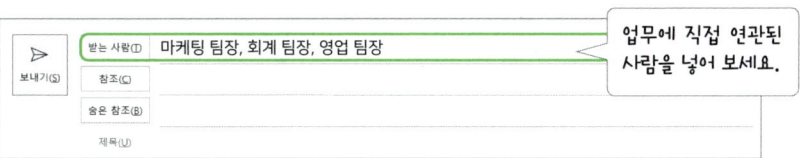

[참조]는 이메일을 직접 처리하지 않지만 내용을 알아야 하는 사람을 추가할 때 사용합니다. 이메일을 직접 받아야 하는 대상도 아닌데 참조에 추가하는 이유는 업무와 관련된 사람이어서 내용을 공유하거나 진행 상황을 알아야 하기 때문입니다. 참조자는 이메일을 확인하고 도움될 만한 내용이 있다면 회신할 수도 있습니다.

다른 팀이나 외부 거래처 등에 업무 이메일을 보낼 때는 팀장 등 상급자를 참조로 넣어야 합니다. 이메일은 글로 남아서 회사에서는 문서와 같은 역할을 하므로 상급자에게 업무가 어느 정도까지 진행되었는지를 알려 줄 수 있을 뿐만 아니라, 이메일의 공신력도 높일 수 있습니다. 또한 자신이 인지하지 못한 문제를 상급자가 크로스 체크하며 알아챌 수도 있고요.

[참조] 아래의 [숨은 참조]는 내용을 공유하되, 다른 수신자에게는 보이지 않도록 할 때 사용합니다. 자주 사용하지 않는 기능이지만 숨은 참조로 이메일을 받은 사람은 필요한 내용일 경우 발신자에게만 개별 회신하면 됩니다.

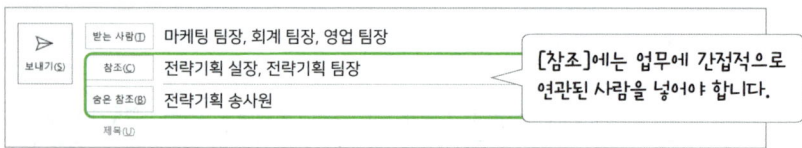

[제목]은 이메일 내용을 한눈에 알아볼 수 있도록 요점을 담아 작성합니다. 회사 업무를 하다 보면 하루에도 수많은 이메일을 주고받으므로 내가 보낸 이메일을 받는 사람이 놓치지 않게 하려면 제목을 분명하게 작성해야 합니다. 이메일 제목의 핵심은 받는 사람이 제목만 봐도 어떤 용건인지 빠르게 파악할 수 있도록 하는 것입니다. 제목 앞에 [중요], [긴급], [보고], [협조], [문의], [제안], [회신 요청] 등 이메일 내용을 함축한 키워드를 붙이면 중요도와 용건을 더 분명하게 전달할 수 있어서 상대방이 신속하게 업무를 처리하는 데 도움이 됩니다.

회신받아야 하는 이메일이라면 다음 예시처럼 일정을 함께 써두는 것이 좋습니다. 상대방이 이메일을 확인하고 바로 처리할 수 있는 업무도 있지만, 그렇지 않은 경우도 있기 때문입니다. 제목에 회신받을 일정을 써두면 이메일을 받는 쪽에서는 제목만 보고도 마감기한을 알 수 있습니다. 이렇게 하면 상대방이 기한을 놓치지 않아 업무를 효율적으로 처리할 수 있습니다.

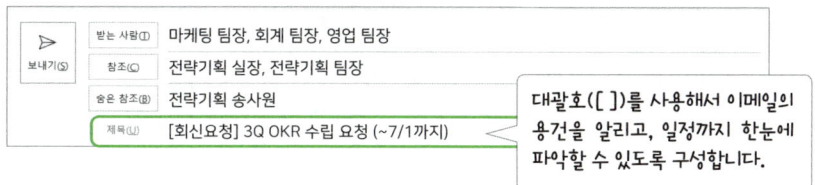

이메일에서 내용은 인사말, 이메일의 목적, 본문 내용, 맺음말로 구성합니다. 제목과 마찬가지로 내용 또한 이메일을 받는 사람에게 자신이 요청하는 업무를 빠르게 파악해서 처리할 수 있도록 핵심 내용을 간결하게 작성하는 것이 중요합니다.

먼저 자신의 소속과 이름을 밝히면서 간단한 인사말을 적고, 그다음 본문 내용에는 상대방이 보자마자 알 수 있도록 이메일을 보낸 목적과 결론을 작성합니다.

다음 예시는 같은 팀 내 구성원들에게 보내는 이메일로, 인사말 바로 뒤에 '3분기 OKR을 수립해 달라'는 목적을 작성했습니다. 이어서 요청하는 업무를 언제까지 어떻게 해야 하는지, 누구에게 문의할 수 있는지를 간결하게 표현했습니다. 내용을 줄글로 풀어 써도 되지만 글머리 기호나 숫자로 구분하면 받는 사람이 내용을 더욱 분명하고 빠르게 확인할 수 있습니다.

마지막으로 맺음말은 간단한 감사 인사말 등을 덧붙이면 됩니다.

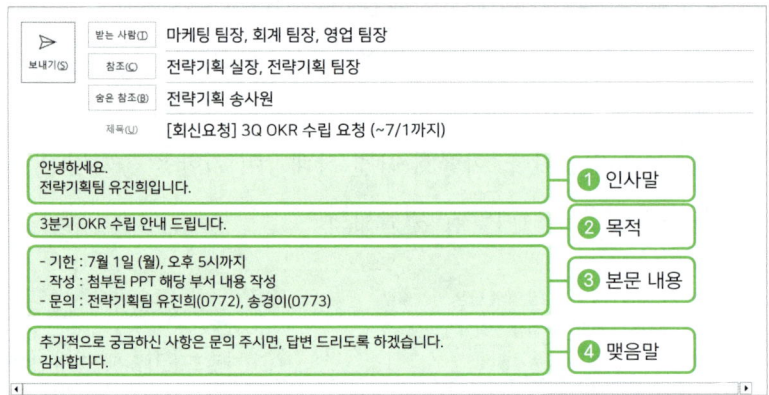

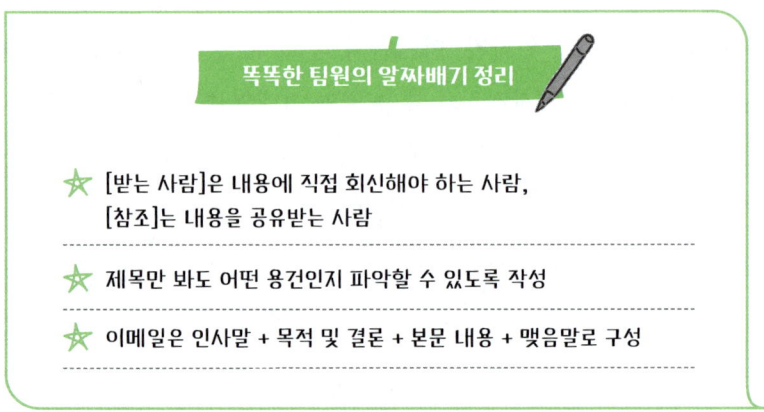

# 25
## 상황별 이메일은
## 어떻게 쓰나요?

**오늘의 목표**

☑ 다양한 상황에 맞춰 이메일을 효과적으로 작성하기

이메일은 정보를 공유하거나 업무에 필요한 내용을 안내할 때, 행동을 요청할 때 등 여러 상황에 쓰입니다. 그만큼 이메일을 보낼 때에는 다양한 상황에 알맞게 작성하는 능력이 중요합니다. 이번에는 같은 팀 내에 보내는 이메일, 다른 팀에 보내는 이메일, 외부에 문의하는 이메일로 나누어 연습해 보겠습니다.

## 팀 내에 이메일 보내기

팀 내에서 이메일은 업무를 보고하거나, 원활한 업무 진행을 위해 필요한 내용을 공유하거나, 함께 업무를 하며 자료를 취합할 때 등 다양한 경우에 사용합니다. 팀 내에 업무를 요청하는 이메일을 예시로 살펴보겠습니다.

> **상황** 팀원의 주간 업무 현황을 취합하여 이번 주 금요일 오후 2시까지 팀장님께 보고해야 한다.

| 이메일을 받는 사람 | A 차장, B 과장, C 대리, D 대리, E 주임 |
|---|---|
| 첨부 파일 | 8월 2주 차 주간 보고 현황.xlsx |

팀원들이 보낸 파일의 내용을 취합해 팀장에게 금요일 오후 2시까지 보고해야 하는 상황입니다. 그런데 자료를 취합할 때에는 취합한 후 문서를 하나로 정리할 시간도 필요합니다. 그러므로 실제 마감일보다 반나절에서 하루 정도 앞선 시점을 회신 기한으로 안내하면 업무 처리에 차질이 생기는 것을 예방할 수 있습니다.

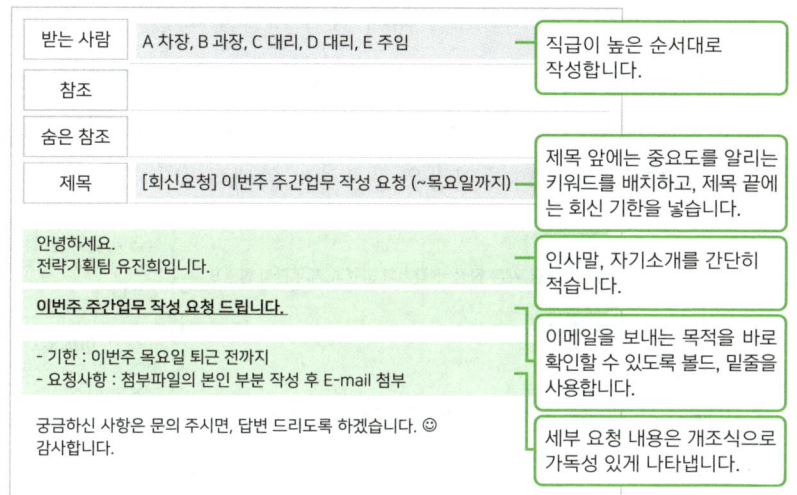

## 다른 팀에 안내 이메일 보내기

회사에서는 업무를 진행하면서 수많은 회의를 진행합니다. 대면이든 원격이든 다른 팀과 회의를 하기로 결정했다면 대부분 언제 어디서 어떤 내용으로 회의를 하는지 안내 이메일을 보내는데요. 이번에는 다른 팀에 보내는 안내 이메일을 함께 작성해 보겠습니다.

> **상황** 사업 계획 준비와 관련 있는 부서 팀장에게 회의 안내 이메일을 보내야 한다.

| 회의 참석자 | 전략기획 팀장, 경영관리 팀장, 재무 팀장 및 관련 실무자 |
|---|---|
| 일정 | 5월 20일(화) 오후 2~3시 |
| 장소 | 6층 대회의실 |

다른 팀의 팀장까지 포함해서 회의 참석 메일을 보낼 때는 공식적인 회의 요청이므로 우리 팀의 팀장을 반드시 참조(CC)에 포함해야 합니다. 팀 간의 공식 요청이라는 점을 분명히 하고, 우리 팀의 팀장에게도 요청 내용과 회의 일정을 공유하기 위해서입니다.

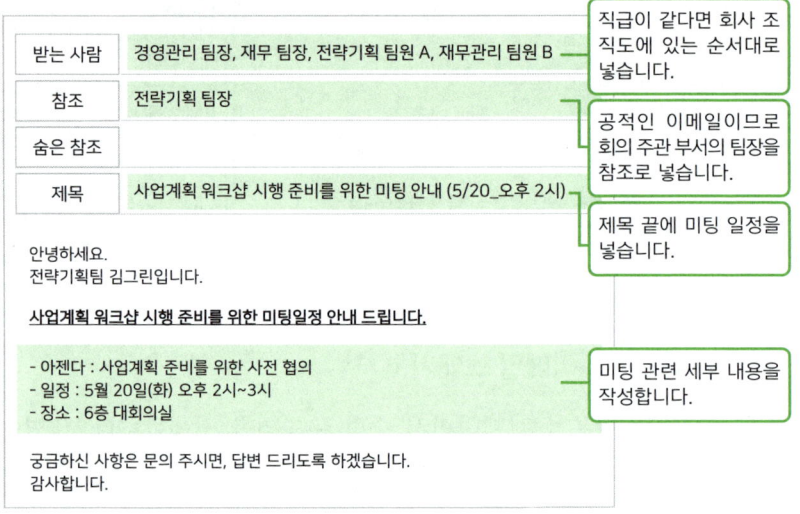

## 외부에 문의하는 이메일 보내기

이메일은 회사 내부는 물론 외부 업체(거래처)와 소통할 수 있는 중요한 수단입니다. 외부에 업무를 요청하는 이메일을 보낼 때는 어떤 부분까지 고려해야 하는지 살펴보겠습니다.

| 상황 | 교육팀 이하나 사원은 외부 업체에 진급자의 리더십 함양 프로그램을 진행할 수 있는지 문의하는 이메일을 보내야 한다. 외부 업체와 담당자는 작년에도 교육한 드림컨설팅 박성훈 컨설턴트로 결정되었다. |

| | |
|---|---|
| 이메일을 받는 사람 | 드림컨설팅 박성훈 컨설턴트 |
| 내용을 알아야 할 사람 | 교육팀장, 교육팀 박과장 |

이 이메일은 외부 업체에 교육을 요청하기 위한 이메일입니다. 외부로 이메일을 보낼 때는 공식적인 요청이므로 팀장을 참조해야 합니다. 또한 함께 업무를 진행하는 팀원이 있다면 원활한 업무 처리와 내용 공유를 위해 그 팀원도 참조하는 것이 좋습니다.

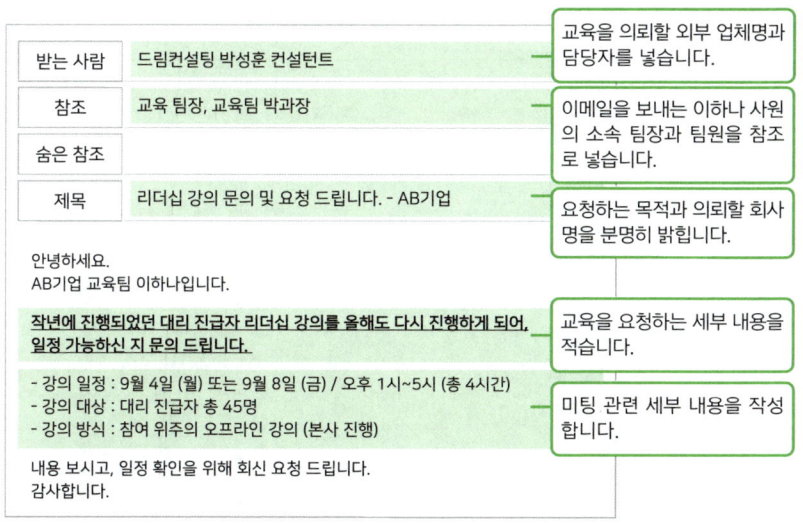

137

이처럼 회사에서는 정말 다양한 상황에서 이메일을 사용합니다. 그러므로 이메일을 잘 쓰는 것도 실력이 되죠. 여러 상황을 가정하고 연습해서, 어떤 상황에서도 당황하지 않고 이메일을 쓸 수 있게 되길 바랍니다.

---

**똑똑한 팀원의 알짜배기 정리**

★ 원활한 업무 처리를 위해 회신 기간은 요청할 기한보다 반나절~하루 정도 여유 있게 정하기

★ 이메일을 보낼 때는 소속과 목적을 명확하게 밝히기

★ 다른 팀 또는 외부로 이메일을 보낼 때는 팀장, 함께 작업한 사람을 참조에 포함하기

# 26
유관 부서에
업무 요청하는 방법을 알려 주세요!

**오늘의 목표**

☑ 상황에 맞는 업무 요청 방식 익히기

대형 병원에서 환자를 치료할 때 여러 과가 협진을 하듯, 회사에서도 다른 부서와 협업할 때가 많죠. 모두 협조해서 업무를 처리해 주면 좋겠지만, 자신의 일만으로도 바쁜데 업무 요청이 왔을 때 내 일처럼 해주는 건 쉽지 않습니다. 전화나 이메일 등으로 업무 요청을 할 때 어떻게 해야 원활하게 진행할 수 있는지 상황별로 알아보겠습니다.

## 상황에 맞는 방법으로 업무를 요청하세요

회사에서 업무를 요청할 땐 긴급도, 상황, 친밀도 등에 따라 메신저, 전화, 이메일/공식 문서, 대면 등의 방법을 활용할 수 있습니다.

> **커뮤니케이션의 종류와 특징**
> - 메신저: 빠른 소통, 간단한 질문이나 요청을 할 때
> - 전화: 긴급하게 즉답이 필요한 상황, 복잡한 문제를 설명할 때
> - 이메일: 공식적인 내용을 전달하거나 기록, 파일을 공유해야 할 때
> - 공식 문서: 회사 규정에 따른 승인, 보고, 요청 등의 정식 절차를 진행할 때
> - 대면 방식: 설명을 충분히 해야 하거나, 여러 명과 함께 논의하거나 요청할 때

메신저는 가장 캐주얼한 방식으로, 간단한 질문이나 요청을 빠르게 전달할 때 사용합니다. 실시간으로 답변해야 하는 경우, 친밀한 동료와 소통할 때도 자주 활용합니다.

전화는 긴급하거나 즉각 대응해야 할 때 사용합니다. 또한 이메일이나 공식 문서로 요청을 보내기 전에 안내하거나 양해를 구할 때도 효과적인 수단입니다.

이메일은 메신저나 전화보다 격식 있는 방식으로, 공식적인 요청이나 보고를 할 때, 파일을 공유해야 할 때 등 기록을 남겨야 하는 업무에 적합합니다. 요청하는 당사자 외에도 관련된 상급자나 팀을 참조로 포함해 정보를 공유할 수 있어서 조직 내에서 협업할 때 자주 사용합니다.

공식 문서는 이메일보다 한층 더 정식 절차를 거쳐야 할 때 사용합니다. 단순히 정보를 공유하거나 요청하는 차원이 아니라 책임을 분명히 하고 기록을 공식적으로 남기는 것이 목적입니다. 예를 들어 예산을 집행하거나, 다른 부서의 지원을 요청하거나, 프로젝트 참여 인원을 배정받아야 하는 상황처럼 회사 규정에 따라 결재와 기록이 필요한 경우에 공식 문서를 작성합니다. 이메일이 '협업'과 '공유'에 강점이 있다면, 공식 문서는 '형식'과 '근거 자료 확보'에 중점을 둔 수단이라고 할 수 있습니다.

대면 방식은 요청 대상자가 여러 명이거나 중요도와 민감도가 높은 사안처럼 설명과 논의를 충분히 해야 하는 경우에 사용합니다. 이러한 상황에서는 이메일이나 메신저만으로 요청 사항의 세부 맥락을 전달하기 어려우므로 직접 만나 이야기를 나누는 것이 더 효과적입니다. 이렇게 대면으로 소통하면 상대방의 반응을 바로 확인할 수 있고, 피드백을 즉시 주고받을 수 있어서 복잡하게 논의할 내용도 빠르게 처리할 수 있습니다.

### 통보하듯 업무를 요청하지 마세요

업무 협조는 상대방에게 업무를 추가로 요청하는 것이므로, 언제까지 해달라고 통보하는 것이 아니라 친절하게 부탁해야 합니다. 업무 요청을 원활하게 하려면 상대방이 쉽게 이해할 수 있도록 요청 사항을 정확하게 설명하는 것이 중요합니다. 요청한 업무인 만큼 완료 기간은 여유를 두고 처리할 수 있도록 넉넉하게 주는 것이 좋지만, 만약 긴급한 상황이라면 그 이유를 충분히 설명해서 불필요한 갈등이 일어나지 않도록 사전에 예방해야 합니다. 그럼 업무 요청을 할 때에는 어떤 내용을 포함하고 어떤 과정을 거쳐야 하는지 알아보겠습니다.

> **❶ 배경 설명**
> 어떤 목적으로 업무 요청을 하는지 작성합니다. 업무 요청을 받는 쪽에서 '이 부분 때문에 요청한 거네' 하고 납득할 수 있도록 목적을 분명히 밝힙니다.
>
> **❷ 요청 내용**
> 어떤 내용을 요청하는지, 그리고 요청을 어떻게 처리하면 되는지 자세하게 작성합니다. 명확하게 알려 줘야 요청을 받는 담당자가 업무를 빠르게 처리할 수 있습니다.
>
> **❸ 요청 기한 & 세부 방법**
> 급한 일이니 무조건 빨리해 달라고 하는 것보다 구체적으로 언제까지 어떻게 답을 주면 되는지를 명시해야 담당자가 기한에 맞게 업무를 처리할 수 있습니다.

이제 업무 요청 이메일은 구체적으로 어떻게 작성하는지 실제 예시로 살펴보겠습니다.

> **상황** 미국 지주사의 요청으로 사업부에 과거 5개년 회원 수 및 고객단가, 미래 3개년 추정 회원 수 및 고객단가를 요청해야 하는 상황
>
> [참고]
> - 과거 데이터는 시스템에서 확인 가능
> - 미래 추정치는 각 사업부의 목표 수치이므로 각 사업부에서 작성 필요

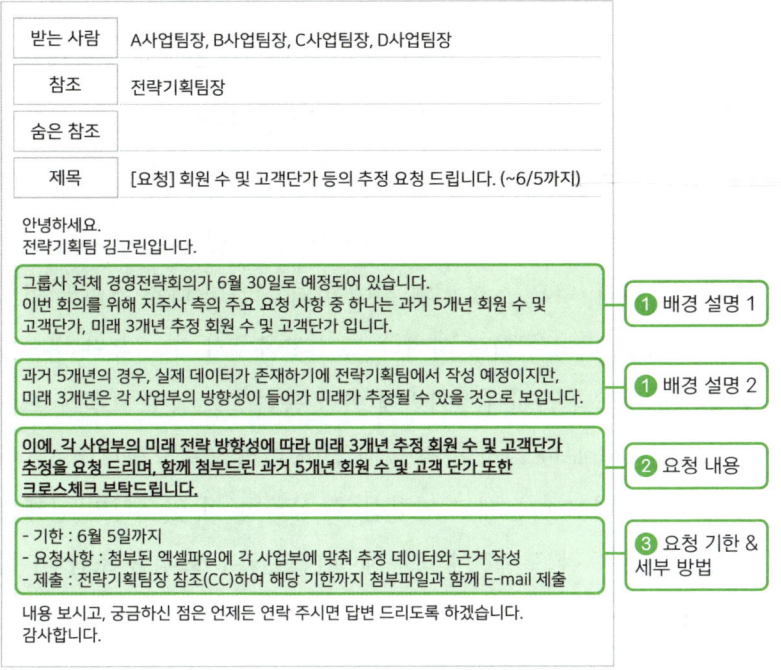

❶ [배경 설명 1]에서는 이번 요청을 하게 된 목적을 자세히 작성합니다.

❶ [배경 설명 2]에서는 전략기획팀이 미래 3개년 자료를 직접 채울 수 없는 이유를 설명합니다.

❷ [요청 내용]은 가장 중요한 부분이므로, 굵게 표시하고 밑줄로 강조해서 눈에 잘 띄게 합니다.

❸ [요청 기한 & 세부 방법]에서는 제출 기한과 세부 방법을 구체적으로 안내합니다. 이 부분은 앞의 설명과 구분되도록 줄을 바꾸고 핵심만 개조식으로 나열하면 보기가 더 좋습니다.

### 업무 요청은 명확히 하고, 내용이 복잡하다면 사전에 소통하세요

업무 요청을 하는 목적과 언제까지 어떤 형태로 완료해야 하는지를 정확하게 설명하지 않으면 원활하게 협조받기 어렵습니다. 업무를 요청할 때는 내용을 여러 번 꼼꼼하게 확인하는 습관을 길러 보세요.

또, 업무 요청을 받았을 때 빠르게 답변할 수 있는 사안도 있지만, 난이도나 범위, 업무 소요 시간 등에 따라 시간이 다소 걸리는 업무도 있으므로, 미리 전화를 하거나 직접 찾아가서 그 이유와 내용을 설명하는 것도 좋습니다. "이번에 이런 목적으로 업무 요청을 드릴 예정인데, 생각보다 시간이 걸릴 것 같아 미리 연락드립니다. 곧 이메일을 보내려고 하는데 확인하신 후 궁금한 점 있으시면 언제든 전화해 주세요"라고 사전에 소통해 둔다면 업무 요청을 조금 더 원활하게 할 수 있습니다.

### 업무 요청을 거절당했다면?

만약 업무 요청 이메일을 보냈는데 상대 부서에서 하기 어렵다는 답변이 왔다면 어떻게 해야 할까요? 요청한 업무를 상대 부서에서 하기 어려워하는 이유를 가장 먼저 파악해야 합니다. 그렇게 해야 상급자에게 그 이유를 근거로 보고할 수 있습니다.

만약 원인도 파악하지 않은 채 "A팀에서 협조할 수 없다는데요"라고 보고한다면, 상급자는 다시 여러분께 "이유가 무엇인가요?"라며 되물을 것입니다. 그때서야 원인을 파악해서 보고한다면 늦을 수밖에 없습니다. 다음 예시를 살펴봅시다.

| 이유 | 팀장님, 어제 A팀에 이메일로 보낸 협조 요청 건 중에 채널별 고객 단가 분석은 현재 시스템상 채널이 2개로만 분리되어 있어서 저희가 요청한 기준으로는 하기 어렵다고 하는데, |
| 해결 방안 | 2개로만 분석해 달라고 해도 될까요? |

팀원

팀장

네, 그럼 할 수 없네요. 그렇게 진행해 달라고 해주세요.

업무 요청을 받은 A팀이 협조할 수 없는 이유를 파악하고 해결 방안까지 제시한 팀원의 보고를 받은 팀장은 바로 수긍할 것입니다.

### 똑똑한 팀원의 알짜배기 정리

⭐ 업무 요청은 통보하듯 설명하지 않고, 친절하게 요청하기

⭐ 이메일로 업무를 요청할 땐 이해하기 쉽도록
   '배경 설명 → 요청 내용 → 요청 기한'의 순서로 작성하기

⭐ 시간이 오래 걸리는 작업이라면 이메일을 보낸 후
   담당자에게 전화하거나 찾아가서 설명하기

⭐ 요청을 거절당했다면 그 이유가 무엇인지 파악해서 보고하기

## 04
# 일 잘하는 직장인은
# 보고서로 대화한다!

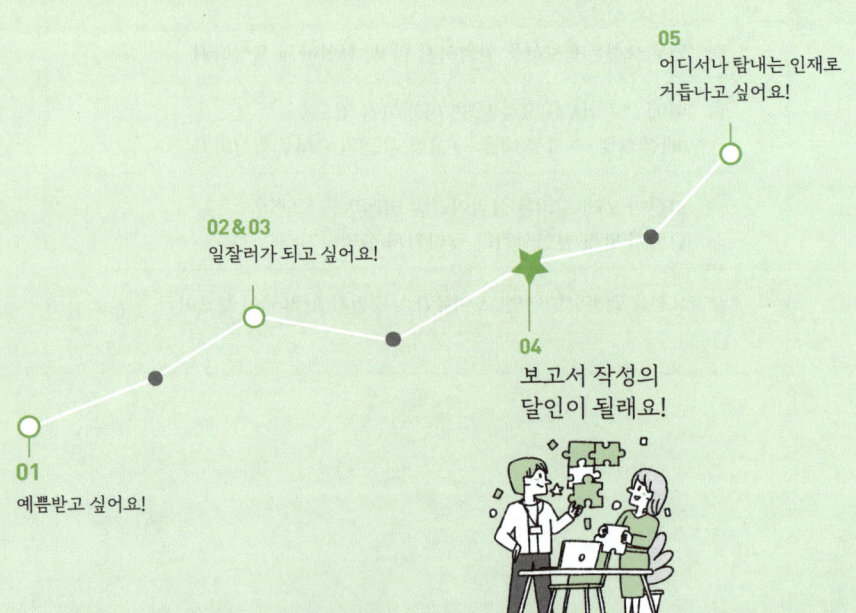

05
어디서나 탐내는 인재로
거듭나고 싶어요!

02 & 03
일잘러가 되고 싶어요!

04
보고서 작성의
달인이 될래요!

01
예쁨받고 싶어요!

이제 본격적으로 보고서를 작성해 봅시다. 모든 일에서 기획이 중요하듯, 보고서에서도 담을 내용을 어떻게 기획하고 구성하느냐가 가장 중요합니다. 이번 장에서는 자료 조사부터 내용 작성까지, 보고서 기획의 기초를 알아보겠습니다.

27 · 보고받는 사람을 위한 문서, 보고서
28 · 보고서는 기획이 반이다!
29 · 자료 조사를 할 때에도 준비할 게 있어요
30 · 자료 조사를 완벽하게 하는 방법
31 · 보고서의 기본 구성 요소 파헤치기
32 · 요약의 정수, 1페이지 보고서
33 · 데이터가 중요한 보고서는 어떻게 작성해야 할까요?
34 · 통과를 부르는 기획서 작성법
35 · 100점짜리 보고서의 글쓰기 기술
36 · 줄글도 있어 보이게 만드는 표 활용법
37 · 보고서에 날개를 달아 주는 도형 활용법
38 · 성과를 돋보이게 하는 그래프 활용법
39 · 실전! 보고서 시각화 따라 하기

일머리스쿨의 비밀 자료 03   바쁜 업무에 생성형 AI 활용하기
일머리스쿨의 비밀 자료 04   보고서를 채울 무료 이미지 웹 사이트 6개

## 27
# 보고받는 사람을 위한 문서, 보고서

> **오늘의 목표**
> ☑ 보고의 의미 이해하고, 보고서 작성의 핵심 3가지 익히기

보고서는 단순히 정보를 전달하는 문서가 아니라, 요청한 사람이 원하는 목적에 맞게 내용을 구성해서 설득력 있게 작성해야 합니다. 따라서 자신만 이해할 수 있는 보고서는 한 번에 통과되기 어렵습니다. 지금부터는 회사에서 보고란 어떤 의미인지, 그리고 한 번에 통과되는 보고서를 작성하려면 어떤 원칙을 유념해야 하는지 자세히 살펴보겠습니다.

### 나만을 위한 보고는 통과되지 않습니다

회사에서는 정말 많은 보고를 합니다. 문서나 이메일 등으로 전달하는 보고뿐만 아니라 PPT 화면을 띄워 놓고 발표하는 프레젠테이션, 상급자가 묻는 질문에 대답하거나 상황을 브리핑하는 것도 보고라고 할 수 있죠. 말로 한다면 구두 보고이고, 문서나 이메일 등으로 한다면 서면 보고, 즉 보고서(報告書)입니다.

보고는 요청받은 사람(나)과 요청한 사람(상급자) 사이에서 이루어집니다. 상급자가 '어떤 상황의 해결책을 제시해 달라', '신규 기획안을 제안해 달라'는 등 요청 사항을 전달하면, 요청받은 사람은 결과물을 준비해서 요청한 사람에게 보고합니다.

요청한 사람
(상급자 = 읽는 사람)

1단계: 요청 사항 전달
2단계: 결과물 보고

요청받은 사람
(나 = 작성하는 사람)

정리하자면 보고는 상급자가 요청한 사항을 정확히 파악한 뒤, 그에 맞는 해결 방법이나 개선안을 말 또는 글로 똑똑하게 표현하는 것입니다. 여기서 중요한 것은, 회사에서 보고는 '읽는 사람'인 상급자가 최종 판단해서 통과시킬지, 아니면 부족한 부분을 채워 오도록 반려할지 결정한다는 점입니다. 그러므로 보고를 한 번에 통과시키려면 자신이 말하고 싶은 것을 보고하는 것이 아니라, 상급자가 요청한 사항을 제대로 파악해서 그에 맞는 해결 방법이나 개선안을 말 또는 글로 표현해야 합니다.

## 보고서를 작성할 때 유념해야 할 핵심 3가지

보고서를 작성할 때 다음 3가지를 꼭 염두에 두는 것이 좋습니다.

> **보고서 작성 시 유념해야 할 3가지**
>
> ❶ 보고서의 목적 파악하기
> ❷ 누구를 위한 보고서인지 생각하기
> ❸ 읽는 사람이 판단할 수 있도록 구체적이고 간결하게 정리하기

❶ **보고서는 목적이 가장 중요합니다.** 보고서를 작성할 때 가장 먼저 고민해야 하는 것은 정확한 목적이 무엇인가입니다. 트렌드를 분석해야 하는지, 개선책을 찾아야 하는지, 현황 분석을 해야 하는지 등 목적에 따라 보고서의 방향성과 내용이 달라지기 때문입니다. 만약 보고서의 목적이 무엇인지 도무지 모르겠다면 자신의 생각을 상급자에게 설명하고 그것이 맞는지 피드백을 받아서 확인해야 합니다. 만약 이런 과정을 거치지 않고 보고서를 작성했는데 상급자의 생각이나 목적이 자신과 다르다면 전혀 다른 결과물이 나올 수 있기 때문입니다.

❷ **누구를 위한 보고서인지 생각해야 합니다.** 보고서가 내부용인지, 외부용인지, 발표용인지 등을 파악해야 합니다. 외부 제안서라면 업계 전문 용어 등은 자제해야 하고, 발표용이라면 시각적인 표현을 더해서 작성해야겠죠. 보고서가 누구를 위한 것인지에 따라 내용의 깊이와 표현 방법, 전달 방식 등이 달라진다는 점을 반드시 유념해야 합니다.

❸ 보고서는 읽는 사람이 쉽게 판단할 수 있도록 구체적이되 간결해야 합니다. 핵심 정보를 빠짐없이 담되 복잡해 보이지 않도록 정리해야 하며, 읽는 사람이 '왜 그렇지?', '무슨 말이지?' 하는 의문을 계속 갖게 만드는 구조는 피해야 합니다. 마치 스무고개처럼 계속 질문해야 다음 내용을 이해할 수 있는 방식은 비효율적입니다. 보고서를 간결하게 작성해야 하는 이유는 사람이 정보를 받아들일 때 내용을 이해하기에 앞서 눈으로 전체 이미지를 먼저 파악하기 때문입니다. 복잡하고 가독성이 떨어지는 보고서보다 내용이 잘 정리되어 있고 시각적으로 깔끔한 보고서가 내용을 훨씬 더 효과적으로 전달합니다.

---

**똑똑한 팀원의 알짜배기 정리**

★ 요청 사항을 정확히 이해하고, 작성하는 이유와 목적을 분명히 알기

★ 최종적으로 누가 볼 내용인지 파악하기

★ 내용을 판단할 수 있도록 구체적이고, 시각적으로 깔끔하게 작성하기

## 28
# 보고서는 기획이 반이다!

> **오늘의 목표**
> ☑ 기획의 의미를 이해하고 기획을 잘하기 위한 3가지 요소 익히기

회사에서 어떤 일을 시작할 때 가장 먼저 하는 것은 '기획'입니다. 기획을 먼저 하는 이유는 일의 목표와 방향을 정해야 그 다음 단계가 흔들리지 않기 때문입니다. 보고서를 작성할 때도 마찬가지입니다. 보고받는 상급자의 입장에서 정리만 했다는 생각이 들지 않도록 전달할 핵심 내용을 보고서에 효과적으로 구성하려면 반드시 기획을 해야 합니다. 기획을 잘 하려면 무엇을 고려해야 하는지 알아보겠습니다.

## 기획은 '목적'을 고려해야 합니다

기획을 할 때는 가장 먼저 '왜 이 일을 하는지', 즉 '목적'을 파악해야 합니다. 예를 들어 '5kg을 감량해야 한다'는 목표만 있고, 왜 감량해야 하는지 목적이나 배경이 없다면 물과 소금만 먹으면서 원하는 몸무게가 될 때까지 극단적으로 해도 무방합니다. 체중을 빠르게 줄일 수 있으니까요. 하지만 건강이 나빠질 테니 좋은 방법이라고 할 순 없습니다.

반면 체중 증가로 체력이 저하되어 건강을 회복하기 위해 다이어트를 한다고 가정해 봅시다. 이런 경우에는 채소 위주의 건강식으로 소식을 하거나, 주 3일 필라테스 등 운동으로 체력을 증진하며 건강을 해치지 않는 방법을 함께 모색합니다. 즉, 어떤 것을 해야 할 때 그 이유를 제대로 파악하지 않으면 목적에 맞는 적합한 행동을 설계하기 어렵습니다. 이처럼 기획은 어떤 일을 왜 해야 하는지 행동하는 목적(Why)을 정확하게 파악한 후, 방향성(What)을 세우고 그 방향에 맞는 최선의 방법을 구체화(How to)하는 것입니다. 이 3가지가 잘 연결될 때 비로소 '기획이 잘 되었다'고 말할 수 있습니다.

| 기획 전 | | 기획 후 |
|---|---|---|
| ? | 목적 (Why) | 체중 증가 후 피로감↑ 체력 저하 극복 필요 |
| ? | 방향성(What) | 건강을 위한 5kg 체중 감량 |
| 단식 | 구체화 (How To) | 채소 위주의 건강식 식사 |
| 물과 소금만 | | 주 3일 이상 필라테스, 매일 걷기 등 |

목적(Why)이 있는 기획과 없는 기획의 비교

## 기획은 목적에 맞는 적합한 행동을 설계하는 것입니다

기획이란 어떤 대상을 변화시키기 위해 구체적인 방법과 절차를 설계하는 것을 말합니다. 즉, 일의 목적을 고려해서 그에 적합한 방법을 찾아 구체화하는 것이죠. 예를 들어 친구에게 줄 선물을 고르는 일도 하나의 기획이라고 할 수 있습니다. 생일인지, 축하할 일이 있는지 등의 목적을 먼저 파악하고 어울리는 선물을 고민한 뒤, 직접 구매하는 모든 과정이 기획의 흐름을 따르고 있기 때문입니다.

업무에서도 마찬가지입니다. 단순히 지시받은 일을 따르기보다 '왜 이 일을 해야 하지?', '이 일의 의도는 무엇일까?'를 생각해 보세요. 기획하는 눈이 생기고 결과물의 수준도 달라질 것입니다.

## 기획에도 3가지 필수 요소가 있어요

기획을 잘 해내고 싶다면 다음 3가지를 고려해야 합니다.

---

**기획의 필수 3요소**

① why: 해야 하는 목적 파악하기
② what: 무엇을 해야 하는지 목적에 맞는 방향성 설정하기
③ how to: 방향성에 맞게 방법 구체화하기

---

❶ **목적을 정확히 파악합니다.** 예를 들어 옷을 산다고 가정해 봅시다. 단순히 '옷을 사야겠다'는 생각만으로는 어떤 옷을 골라야 할지 막막합니다. 하지만 '운동할 때 입을 옷'인지, '출근용 정장'인지 결

정하고 나면 선택할 매장, 예산, 스타일까지 결정하는 과정이 자연스럽게 이어집니다. 이처럼 목적을 명확히 이해하는 것이 기획의 출발점이며, 이후의 방향과 실행 방식을 결정짓는 핵심 기준이 됩니다.

❷ **목적에 맞는 방향성을 설정합니다.** 예를 들어 '다이어트를 위해 운동복을 산다'는 목적이 분명하다면 그 다음으로 어떤 운동복을 살지 고민해야겠죠. 또한 어디에서 살지, 어떤 스타일이나 기능을 중시할지에 따라 방향이 달라질 것입니다. 이처럼 '무엇을 할 것인지'를 결정하는 과정은 목적에 맞게 실행하는 방향으로 전환하는 핵심 단계입니다.

❸ **방향성에 맞게 방법을 구체화합니다.** 예를 들어 아웃렛 매장을 직접 방문해 운동복을 착용해 보고, 잘 맞는지 확인하는 것입니다. 이처럼 기획의 마지막 단계는 앞서 설정한 목적과 방향성에 맞는 방법을 선택하고, 실행할 수 있도록 구체적으로 생각해야 합니다.

보고서도 마찬가지로 기획의 관점에서 바라봐야 합니다. 그러면 많은 사람이 흔히 놓치는 부분을 쉽게 찾을 수 있습니다.

---

### 똑똑한 팀원의 알짜배기 정리

⭐ 기획은 목적에 맞는 적합한 행동을 설계하는 것

⭐ 기획을 잘하려면 가장 먼저 목적 파악하기

⭐ 목적을 알았다면 방향성을 설정하고 방법을 구체화하기

# 자료 조사를 할 때에도 준비할 게 있어요

> **오늘의 목표**
> ☑ 자료를 폭넓게 조사할 수 있는 방법 익히기

자료 조사는 연차와 관계없이 누구나 꾸준히 해야 하는 업무입니다. 하지만 자료 조사의 깊이와 정확성은 무엇을 어떻게 조사해야 하는지를 사전에 얼마나 고민했는지에 따라 달라집니다. 지금부터 자료 조사를 할 때 생각의 폭을 넓히는 방법을 알아보겠습니다.

## 조사할 범위를 생각해 보세요

집에 손님을 초대하기로 해서 음식을 준비한다고 가정해 봅시다. 집들이인지, 축하 파티인지, 부모님을 초대하는 자리인지 등에 따라 메뉴를 선택할 것입니다. 그리고 메뉴가 정해지면 필요한 재료를 찾아본 후 마트에 가거나 앱으로 주문해서 요리를 하겠죠. 그런데 메뉴를 정하지 않은 채 바로 마트에 간다면 어떨까요? 정작 필요한 재료는 구매하지 않고 불필요한 재료를 즉흥적으로 사며 시간과 비용을 낭비하게 됩니다.

자료 조사를 할 때에도 마찬가지입니다. 보고서의 주제와 방향성을 충분히 고민하지 않은 채 곧바로 자료 조사를 한다면 보고서에 꼭 들어가야 하는 내용을 빠트리거나 중복해서 작성할 수도 있습니다. 그래서 자료 조사를 하기 전에 먼저 어떤 것을 조사해야 하는지 범위를 파악해 보는 시간을 가져야 합니다.

## 요청 사항을 조금 더 깊이, 폭넓게 생각해 보세요

예를 들어 상급자가 팀원에게 다음과 같이 요청했습니다.

> **상황** 작년 우리 회사의 매출과 영업 이익 데이터를 1페이지 보고서로 정리해 줄 수 있을까요?

만약 단순히 작년 매출과 영업 이익 데이터만 보고 싶었다면 시스템에서 직접 확인하거나 담당 직원에게 물어봤을 것입니다. 그런데 상급자가 보고서로 정리해 달라고 요청했다면, 그것은 매출과 영업 이익 데이터라는 표면적인 요청 사항 외에 그 속에 진짜 원하는 내용이 따로 있다는 뜻입니다.

**상급자의 표면적인 요청 사항**
- 작년 매출과 영업 이익 데이터를 정리한 보고서

**상급자가 진짜 원하는 내용**
- 작년 월별 매출과 영업 이익 현황
- 작년에 있었던 긍정적/부정적 이슈 조사
- 월별 데이터 가운데 특이 사항이 발생한 이유

즉, 상급자는 단순히 작년 매출과 이익 수치를 정리해 달라는 것이 아니라, 그 데이터를 바탕으로 어떤 의미가 있는지 분석하고 인사이트(insight)를 도출해 주길 기대했을 가능성이 큽니다. 따라서 자료 조사를 할 때에는 먼저 상급자의 의도와 요청 사항에 담긴 숨은 의미까지 고려해 깊이 있고 폭넓게 생각해야 합니다.

## 자료 조사의 범위를 3단계로 가늠해 보세요

자료 조사를 폭넓게 하고 싶다면 다음 3단계를 따라해 보세요.

> **자료 조사의 범위를 가늠하게 하는 3단계**
> ① 1단계: 다양한 관점에서 폭넓게 생각하기
> ② 2단계: 조사할 내용을 카테고리별로 리스트업(List-up)하기
> ③ 3단계: 누락된 것이 있는지 확인하고 가늠하기

① 1단계에서는 가능한 한 넓은 시야로 살펴보며 생각을 확장해 봅니다. 마인드맵을 그리듯, 어떤 방향에서 무엇을 조사할지 고민하며 의도에 맞는 다양한 관점을 떠올립니다.

② 2단계에서는 조사할 내용을 구체적으로 리스트업(List-up)한 뒤 정리합니다. 생각한 항목 가운데 중복되거나 불필요한 것은 정리하고, 비슷한 내용끼리 묶어 카테고리별로 정돈합니다.

③ 3단계에서는 정리한 목록을 다시 한번 검토해 전체 흐름을 점검합니다. 빠진 부분이 있는지 확인하고, 자료 조사의 범위가 충분한지 마지막으로 가늠해 봅니다.

이 3단계는 누락된 것 없이 체계적이고 완성도 높게 자료 조사를 진행하는 기반이 됩니다.

### 똑똑한 팀원의 알짜배기 정리

⭐ 자료 조사 전, 내용의 범위를 폭넓게 생각해 보기

⭐ 요청 사항의 숨은 의도까지 파악해 보기

⭐ 자료 조사를 폭넓게 하는 3단계
   (다양한 관점에서 생각 → 리스트업 → 내용 가늠)

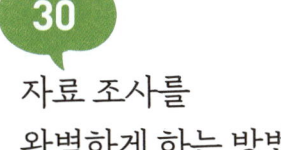

# 자료 조사를 완벽하게 하는 방법

> **오늘의 목표**
> ☑ 자료 조사를 완벽히 하는 3가지 방법을 알고, 4가지 체크 포인트 이해하기

어느 유명 작가는 시나리오를 쓰기 전에 오랜 기간 사전 조사를 한다고 합니다. 전문가를 찾아가 인터뷰하거나 전문 서적을 꾸준히 읽기도 하고요. 시나리오 작가의 자료 조사 방식은 보고서를 작성하기 전 자료 조사 방식과 유사합니다. 자료 조사를 할 때 어떻게 하면 정보를 빠뜨리지 않고 파악할 수 있을지 알아보겠습니다.

## 자료 조사를 처음 한다면 3가지 방법을 기억하세요

자료를 조사해 본 경험이 많지 않다면 어디서부터 시작해야 할지 막막할 수 있습니다. 다음 3가지 방법을 차례대로 시작해 보세요.

---

**자료 조사의 3가지 방법**

① 웹 검색하기
② 인터뷰하기
③ 문헌 자료, 전문 서적 참고하기

---

① **자료 조사의 첫 시작은 웹 검색입니다.** 네이버, 구글 같은 포털 사이트나 챗GPT에 찾고 싶은 자료의 키워드를 한글, 영어, 이미지로 다양하게 검색해 보세요. 신문 기사는 물론, 통계 등 이미 정리된 자료까지 찾을 수 있습니다. 또한 챗GPT를 활용하면 검색 결과를 요약하거나 여러 자료를 비교·분석해 핵심 내용을 빠르게 도출할 때도 매우 유용합니다.

② **인터뷰하는 것도 잊지 마세요.** 인터뷰라고 하면 어렵게 생각할 수 있는데, 조사할 내용을 더 많이 아는 사람에게 질문하는 것이라고 생각하면 쉽습니다. 만약 회사 내부의 자료를 조사한다면 담당자 혹은 담당 부서에 문의해 볼 수 있습니다.

만약 경쟁사의 정보라면 경쟁사에 다니는 지인에게 연락해 문의할 수도 있고, 고객 센터나 지점 등에 직접 전화해서 질문하는 것 또한 인터뷰가 될 수 있습니다. 개인의 지식과 노하우는 웹 검색으로 얻을 수 없으니 조언을 구할 수 있는 사람에게 인터뷰를 요청해 보세요.

❸ 문헌 자료나 전문 서적을 찾아보는 방법도 있습니다. 주제에 따라 검색이나 인터뷰만으로 자료 조사가 부족할 수 있습니다. 이럴 때에는 관련 도서나 논문 등 문헌 자료를 참고해서 작성하고자 하는 주제의 논리를 뒷받침해야 합니다. 책에서 도움될 만한 내용을 찾았다면 메모장, 앱 등에 정리해 두는 것을 추천합니다. 이렇게 해 두면 필요할 때 바로 찾아서 빠르게 활용할 수 있습니다.

### 자료 조사를 잘 하고 싶다면 'MECE'도 기억해 두세요

회사생활을 하다 보면 '생각을 미씨(MECE)하게 해야 한다'는 말을 종종 듣곤 합니다. 'MECE'는 Mutually Exclusive & Collective Exhaustive의 줄임말로 경영학에서 사용하는 분석 기법입니다. 뜻을 살펴보면 서로 중복되지 않도록 꼼꼼하게 하되, 전체를 합쳤을 때는 하나가 되도록 해야 한다는 말입니다. 즉, 자료 조사에서 각각의 자료는 서로 중복하지 않아야 하고, 합쳤을 때는 빠뜨리는 것 없이 모두 들어 있어야 합니다.

틀린 분류 예시

옳은 분류 예시

아주 쉬운 예를 들어 볼게요. 앞의 그림은 펭귄 8마리를 A, B, C 그룹으로 나누는 예시를 통해 어떻게 MECE한 사고를 할 수 있는지 보여 줍니다. 왼쪽의 틀린 예시를 보면 A, B, C 그룹으로 묶어 두기는 했지만 두 그룹에 겹치는 펭귄이 있고, 바깥에 세 그룹에 속하지 않은 펭귄도 있습니다. 또한 A, B, C 그룹을 모두 합친 펭귄 수도 8마리가 아니라 5마리입니다.

반면 오른쪽의 옳은 예시를 보면 펭귄 8마리가 A, B, C 그룹으로 잘 분류되어 있고 세 그룹을 모두 합치더라도 변함없이 8마리여서 모든 펭귄을 포함해 자연스러워 보입니다.

자료를 조사할 때도 이 예시를 유념하면 됩니다. 자료가 주제에 맞게 잘 분류되어 있는지, 미흡하게 조사한 부분은 없는지, 필요 없는 자료를 포함하지는 않았는지 살펴보는 것입니다. MECE한 생각 방식을 사용하면 자료를 조사할 때 중복과 누락을 없애고, 내용을 빠짐없이 다룰 수 있으므로 더 체계적이고 논리적으로 사고할 수 있습니다.

### 자료 조사를 완벽히 하는 4가지 체크 포인트를 기억하세요

자료 조사를 완료했더라도 문득 '정말 다 조사한 것이 맞을까?' 혹은 '누락되거나 중복된 것은 없을까?'라는 생각이 들 수 있습니다. 그럴 때 생각해 볼 수 있는 4가지 체크 포인트를 소개합니다.

조사하는 주제에 따라 4가지 체크 포인트 모두 확인해야 할 수도 있고, 그렇지 않을 수도 있습니다. 이 4가지 체크 포인트로 검증하다 보면 놓치는 부분 없이 자료 조사를 완벽하게 할 수 있습니다.

> **완벽한 자료 조사를 위한 4가지 체크 포인트**
>
> ❶ **트렌드**: 과거, 현재, 미래를 함께 살펴보기
> ❷ **시장 규모와 지표**: 주요 통계와 데이터 분석하기
> ❸ **주요 이슈**: 긍정적, 부정적인 이슈 찾아보기
> ❹ **주요 플레이어**: 주요 경쟁사의 동향 살피기

❶ **트렌드를 살펴봅니다.** 과거부터 현재까지 어떻게 변해 왔고, 미래에는 어떤 변화가 일어날지를 시간의 흐름에 따라 조사했는지도 확인해 보세요.

❷ **시장 규모와 지표를 확인해 봅니다.** 자료 조사를 하다 보면 빼놓을 수 없는 것이 데이터 지표입니다. 조사 대상이 시장에서 차지하는 지위와 매출, 성장 지표 등을 조사했는지 확인해 보세요.

❸ **주요 이슈를 검토해 봅니다.** 조사하는 주제에 긍정적 또는 부정적인 이슈가 있는지 모두 확인해야 합니다. 긍정적, 부정적인 이슈에 따라 각각 조사할 내용과 범위가 달라질 수 있기 때문입니다. 예를 들어 조사 주제가 정부 정책에 따라 긍정적인 영향을 받는다고 파악된다면, 그 영향이 언제까지 미칠지 알아보아야 자료 조사를 심도 있게 했다고 할 수 있습니다.

❹ **주요 플레이어를 조사해 봅니다.** 여기에서 플레이어란 시장을 이끄는 기업이나 경쟁자를 의미합니다. 조사하는 주제와 관련해서 주요 플레이어들이 누구인지, 즉 어떤 기업이 경쟁 구도를 형성하고 있는지를 먼저 파악해야 합니다. 경쟁자가 있다면 현재 경쟁 상황은

어떠한지, 그 속에서 우리 기업이 얼마나 잘하고 있는지, 또 어떤 부분이 부족한지를 분석하는 것이 중요합니다. 만약 명확한 경쟁자가 보이지 않는다면 최근 주목받는 신흥 강자가 있는지도 함께 살펴보는 것이 좋습니다.

| 요소 | 내용 |
| --- | --- |
| ❶ 트렌드 | • 방송 시장은 아날로그 방식에서 디지털 방식으로 전환되며, OTT 시장은 안정적으로 성장을 이어 나갈 것으로 전망<br>• 1991년 도입한 외주 제작 제도로, 지상파 방송국의 외주 제작 비중이 증가하는 추세<br>• 종합 편성 채널의 등장으로 드라마 제작의 성장세는 지속될 전망<br>• IPTV와 웹 드라마 등 신규 사업 모델이 등장하여 OTT 시장 성장에 기여(이하 생략) |
| ❷ 시장 규모와 지표 | • 글로벌 OTT 시장은 2020년에서 2025년까지 연평균 11.6% 고성장 진행<br>• 국내 OTT 시장 또한 2020~2025년까지 연평균 성장률 11.6~11.9%로 높은 성장 기록<br>• 2030년까지 글로벌 OTT 시장은 연평균 15~16% 성장을 예상하며 여전히 높은 성장을 기대 |
| ❸ 주요 이슈 | • [긍정적 이슈] OTT 시장은 전 세계적으로 성장세<br>• 국내는 디바이스 인프라와 콘텐츠 경쟁 심화로 글로벌 평균보다 더 빠르게 성장할 것으로 예상<br>• [부정적 이슈] 시장의 추세에 따른 제작비 증가로 추가 성장을 방해할 가능성이 있음 |
| ❹ 주요 플레이어 | • [국내] IPTV 3사, OTT 업체<br>• [해외] OTT 업체<br>• 이 중에 국내외 시장 1위는 자금력과 콘텐츠 경쟁력을 바탕으로 한 해외 OTT이며, 전 세계 가입자 수는 2025년 기준 약 3억 명 |

4가지 체크 포인트를 반영한 국내외 방송 시장 자료 조사 내용 예시

앞의 예시는 국내외 OTT 시장의 트렌드(과거, 현재, 미래는 어떻게 변화할지), 시장 규모와 지표(지금까지 글로벌/국내 성장률은 어땠고 앞으로 어떻게 전망하는지), 주요 이슈(국내외 OTT 시장의 성장에 긍정적, 부정적인 이슈는 무엇인지), 주요 플레이어(시장에 어떤 플레이어가 있고 그들이 어떻게 하고 있는지) 등의 내용을 조사했습니다.

이렇게 자료를 한눈에 들어오도록 정리해 두면 자신이 어떤 것을 조사했는지, 조사하지 않았거나 부족한 것이 있는지 살펴보기 쉽습니다. 이처럼 자료 조사를 할 때는 4가지 체크 포인트를 활용해 누락되거나 중복되지 않도록 점검하는 것이 중요합니다.

---

**똑똑한 팀원의 알짜배기 정리**

★ 웹 검색, 인터뷰, 문헌 자료 조사 단계 거치기

★ 인터뷰는 웹 검색으로 찾을 수 없는 개인의 노하우를 얻을 수 있음

★ 완벽한 자료 조사를 위해 4가지 체크 포인트로 점검하기

**31**

# 보고서의
# 기본 구성 요소 파헤치기

> **오늘의 목표**
> ☑ 보고서의 기본 구성과 페이지의 핵심 요소 이해하기

보고서를 작성할 때의 원칙과 기획의 중요성, 완벽하게 자료 조사하는 방법을 배웠으니 이제 보고서를 어떻게 구성하는지 알아보겠습니다. 집을 지을 때 설계도가 필요한 것처럼 보고서도 전체를 아우를 수 있는 설계도를 준비해야 합니다. 그래야 방향이 흔들리지 않고 일관성을 유지할 수 있죠. 보고서가 여러 페이지일 때 어떤 방식으로 구성해야 하는지 전체 흐름을 살펴보겠습니다.

## 보고서의 구성

보고서를 여러 페이지로 구성한다면 다음 순서로 작성합니다. 1페이지에는 표지가 들어가고, 2페이지부터는 보고서의 구성이나 내용에 따라 다를 수 있습니다.

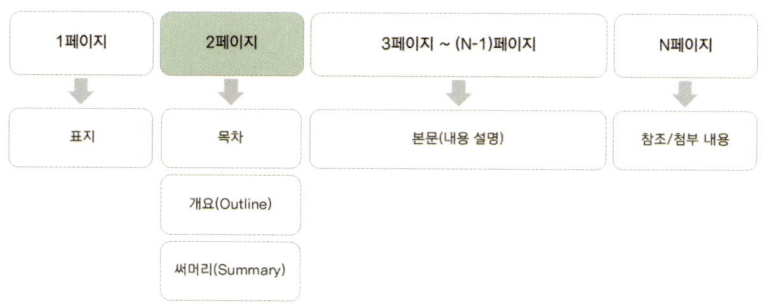

보고서의 기본 구성과 흐름

❶ **목차(Table of Contents)입니다.** 목차는 보고서의 전체 흐름과 주요 항목, 제목 등을 빠르게 찾을 수 있도록 문서의 구성 요소와 순서를 나열한 것입니다. 보고서의 분량이 많을 때 사용하며, 보고서의 구성 안내판 역할을 합니다.

[목차]
1. 서론
1.1 보고 목적
1.2 배경 및 필요성

2. 본론
2.1 시장 현황 분석
2.2 경쟁사 동향
2.3 당사 전략 방향

3. 결론 및 제언
3.1 실행 과제
3.2 기대 효과

❷ 목차 대신 개요(Outline)를 사용할 수도 있습니다. 개요는 본문 내용이 시작되기 전에 보고서의 구성 의도나 흐름을 보여 주는 것입니다. 정책 보고서나 연구 보고서 등에서 전체 구조를 한눈에 보여줄 때 많이 사용하며, 보고서 전반의 흐름을 간략히 보여주는 요약 지도와 같은 역할을 합니다.

[개요(Outline)]
- 본 보고서는 최근 시장 변화에 따른 우리 회사의 대응 전략을 다루었습니다.
- 시장 현황과 경쟁사 분석을 바탕으로 향후 3년간의 전략 방향을 제시합니다.
- 마지막으로 실행 과제와 기대 효과를 정리했습니다.

❸ 또 다른 대안으로 써머리(Summary)가 있습니다. 써머리는 전체 내용을 축약해 빠르게 파악할 수 있도록 핵심 메시지, 결론, 주요 데이터, 제안 등을 담은 페이지입니다. 보통 의사결정자가 내용을 빠르게 파악할 수 있도록 본문 내용 앞에 작성합니다.

[써머리(Summary)]
- 시장 성장률은 둔화되고 있으나 온라인 채널 비중은 빠르게 확대되고 있음
- 경쟁사인 A사는 플랫폼 제휴를 통해 신규 고객층을 확보 중
- 우리 회사는 단기적으로 온라인 전환율 20% 달성을, 중장기적으로 신규 고객군 확대를 목표로 해야 함
- 실행 방안: (1) 온라인 전환 집중 (2) 제휴 채널 확대 (3) 내부 조직 역량 강화

개요와 써머리는 비슷해 보일 수 있지만 다른 점이 더 많습니다. 개요는 보고서의 전체 구성과 흐름을 설명하여 보고서를 읽기 전에 전체 맥락을 이해할 수 있도록 돕는 역할을 하지만, 써머리는 핵심 메시지와 보고서의 결론만을 간단히 요약해 바쁜 의사결정자가 내용을 빠르게 파악할 수 있도록 하기 때문입니다. 즉, 개요는 '어떻게 전개되는가'를 보여 준다면, 써머리는 '무엇을 말하고자 하는가'를 보여 준다는 점에서 차이가 있습니다.

다음으로 본문 페이지에서는 구체적인 내용을 설명합니다. 이때 내용을 잘 쓰는 방법은 '35. 100점짜리 보고서의 글쓰기 기술'을 참고하면 됩니다.

마지막으로 참고 자료(Appendix)는 본문에 포함하기엔 너무 상세하거나 분량이 많은 자료를 따로 제시할 때 사용합니다. 이는 주장의 근거가 되는 데이터, 조사 결과, 참고 문헌 등을 보완하여 제공해 신뢰도와 완성도를 높이는 역할을 합니다.

**똑똑한 팀원의 알짜배기 정리**

★ 보고서가 여러 페이지일 때 기본 구성과 흐름은 '표지 → 목차/개요/써머리 → 본문 → 참조(첨부)' 순

★ 써머리는 의사결정을 해야 하는 보고서에서 핵심 내용을 보여 줄 때 사용

**32**

# 요약의 정수, 1페이지 보고서

> **오늘의 목표**
> ☑ 1페이지 보고서와 일반 보고서의 차이 이해하기
> ☑ 작성 원칙 3가지를 터득해 보고서 마스터하기

요즘에는 보고서 간소화와 빠른 의사결정을 위해 1페이지로 보고하는 일도 많아졌습니다. 말을 길게 늘어놓는 것보다 핵심을 간결하게 전달하는 것이 더 어려운 것처럼, 보고서도 길게 쓰는 것보다 1페이지로 명확하게 정리하는 것이 더 까다롭습니다. 이번에는 어떻게 하면 핵심을 잘 담은 1페이지 보고서를 작성할 수 있을지 살펴보겠습니다.

## 1페이지 보고서는 일반 보고서와 어떻게 다를까요?

일반 보고서와 1페이지 보고서의 차이는 간단합니다. **일반 보고서는 분석 배경, 세부 근거, 대안 등을 포함해 내용을 여러 장에 걸쳐 포괄적으로 전달하는 데 초점을 둡니다.** 그러므로 상대적으로 시간 여유가 있거나 내용을 충분히 설명해야 하는 상황에서 주로 활용합니다.

반면에 **1페이지 보고서는 핵심 정보나 주요 결론을 빠르게 전달해야 할 때 사용합니다.** 긴급한 상황이거나 의사결정 시간이 부족할 때에는 상대방이 한눈에 이해할 수 있도록 짧고 간결하게 작성합니다.

일반 보고서

1페이지 보고서

1페이지 보고서의 개념을 간단히 이해했다면, 다음으로 일반 보고서와 1페이지 보고서의 차이점을 자세히 살펴보겠습니다.

| 구분 | 일반 보고서 | 1페이지 보고서 |
| --- | --- | --- |
| ❶ 시간 여유 | 상대적으로 여유 있음 | 상대적으로 여유 없음 |
| ❷ 보고서 분량 | 제한 없음(평균 5~10쪽) | 1쪽(상황에 따라 2쪽까지) |
| ❸ 주요 포인트 | 보고서 흐름의 기승전결 | 보고서 핵심을 바로 파악할 수 있도록 정리 |

❶ 보고서 제출까지의 시간 여유에 차이가 있습니다. 1페이지 보고서는 작성자가 핵심만 빠르게 정리하고, 의사결정자가 자료로 신속하게 판단할 수 있도록 하는 형식입니다. 따라서 일반 보고서를 제출할 때보다 작성하는 데 시간 여유가 없습니다.

❷ 보고서 분량에도 차이가 있습니다. 1페이지 보고서는 보통 1쪽으로 작성합니다. 보고하는 내용에 따라 1쪽을 초과할 수도 있지만, 보통 2쪽을 넘기지 않습니다. 반면에 일반 보고서는 분량 제한이 없고 평균 5~10쪽 내외로 작성합니다.

❸ 보고서를 구성하는 방식에도 차이가 있습니다. 1페이지 보고서는 1페이지라는 짧은 분량 안에 모든 내용을 담아야 하므로 작성하는 목적에 맞게 간결하게 정리해야 합니다. 제목, 핵심 문구, 주요 내용을 중심으로 잘 정리했을 때 좋은 보고서라고 판단할 수 있습니다. 반면에 일반 보고서는 여러 내용을 논리적으로 전개해야 하므로 서론, 본론, 결론의 구조를 갖춘 기승전결 방식으로 구성합니다.

### 1페이지 보고서의 구조를 만들어요

1페이지 보고서의 기본 구조는 다음과 같습니다.

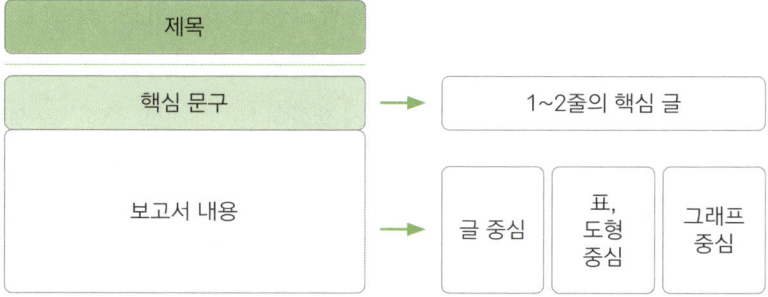

1페이지 보고서에서는 맨 위에 제목을 넣습니다. 제목은 이 보고서에서 다루는 주제와 내용을 명확히 전달하는 역할을 합니다. 따라서 제목만 봐도 이 보고서가 무엇을 설명하는지 한눈에 파악할 수 있도록 내용의 핵심을 간결하고 구체적으로 드러내야 합니다. 막연한 표현보다 주제와 그에 접근하는 방식(비교, 분석, 전략 수립, 요약 등)이 잘 드러나도록 작성합니다.

제목 아래에는 핵심 문구를 넣습니다. 핵심 문구는 이 보고서에서 전달하려는 내용을 1~2줄로 요약한 문장으로, 보고받는 사람이 보고서의 내용을 빠르게 파악할 수 있도록 돕는 역할을 합니다. 보고서는 글로 이루어져서 뉘앙스나 제스처 같은 비언어적 표현을 사용할 수 없으므로 작성자가 생각한 의미와 상대방이 받아들인 의미가 다를 수 있습니다. 이때 핵심 문구가 보고서 작성자의 의도를 오해 없이 정확히 전달해 주는 역할을 합니다.

핵심 문구 아래에는 보고서 내용을 작성합니다. 보고서의 내용은 이 보고서에서 전달하고자 하는 메시지와 근거를 설명하는 부분입니다. 내용을 구성하는 방식은 전달하려는 정보의 성격과 목적에 따라 크게 3가지로 구분합니다. 글의 흐름과 논리를 설명하는 '글 중심' 구성, 글의 내용을 비교하거나 관계 또는 구조를 시각적으로 표현하는 '표/도형 중심' 구성, 수치를 시각화하는 '그래프 중심' 구성입니다.

보고서의 목적에 맞춰 3가지 중에 가장 이해하기 쉬운 형식을 선택하는 것이 가장 중요합니다. 필요에 따라 3가지 구성 방식을 적절히 혼합해서 사용할 수도 있습니다.

### 1페이지 보고서를 작성하는 3가지 원칙

> ❶ 핵심 문구로 결론부터 이야기하기
> ❷ 보고서 내용은 큰 범주에서 작은 범주로 전개하기
> ❸ 빠르게 이해할 수 있도록 간결하고 깔끔하게 작성하기

예시를 들어 1페이지 보고서 작성의 3가지 원칙을 적용해 보겠습니다.

먼저 ❶ 1페이지 보고서를 작성할 때는 핵심 문구를 골라 두괄식으로 결론부터 이야기해야 합니다. 같은 이야기를 하는 두 친구의 예시를 보면서 결론부터 말하는 것이 중요한 이유를 알아보겠습니다.

이빙빙

> 미괄식
>
> 내가 연예인 A를 좋아하잖아. 내가 오늘 밥을 먹으려고 백화점에 갔는데 사람들이 모여 있는 거야. 그래서 사람 많은 곳을 뚫고 들어갔거든. 그랬더니 연예인 A가 있는데, 생각한 것보다 너무 멋있더라고!

> 오늘 백화점에서 연예인 A를 봤어! 평소에도 정말 좋아해서 계속 응원해 왔는데 실제로 보니까 훨씬 더 멋있더라고! — 두괄식

박깔끔

이빙빙과 박깔끔 모두 같은 내용을 이야기하지만, 말하는 방식은 확연히 다릅니다. 이빙빙은 결론을 마지막에 이야기하는 미괄식을, 박깔끔은 결론부터 이야기하는 두괄식을 사용했습니다. 이처럼 1페이지 보고서에서는 핵심 문구를 두괄식으로 정리해야 상대방의 집중도를 훨씬 더 높일 수 있습니다.

❷ 보고서 내용은 큰 범주에서 작은 범주로 전개합니다. 스피드 퀴즈 게임을 한다고 가정해 보겠습니다. 두 사람 가운데 누가 퀴즈를 냈을 때 사람들이 더 쉽게 바로 답할 수 있을지 생각해 보세요.

> 황토색인데 딱딱하기도 하고, 꽃은 흰색이고, 팩으로 사용하면 미백 기능이 있으면서 먹을 수도 있는 것은? — 생각나는 대로 나열

이빙빙

> 황토색을 띤 채소이며, 고구마와 함께 대표적인 농작물로 튀김, 전, 볶음 등 다양한 음식으로 만들 수 있는 것은? — 큰 범주 → 작은 범주로 나열

박깔끔

두 사람이 공통으로 낸 퀴즈의 정답은 감자입니다. 아마도 박깔끔이 설명했을 때 답을 맞히기가 더 쉬울 것입니다. 내용을 전개하는 순서 때문인데요. 박깔끔은 채소라는 큰 범주를 먼저 말하고 나서 튀김, 전, 볶음 등을 만들 수 있다는 특징을 세세하게 전달하는 반면, 이빙빙은 생각나는 대로 나열했습니다. 이빙빙의 말을 들으면 무엇을 설명하는지 잘 상상되지 않아 쉽사리 답하기 어렵죠. 이처럼 1페이지 보고서 역시 상대방이 이해하기 쉽도록 내용을 큰 범위에서 작은 범위로 좁혀 가며 전개하는 것이 좋습니다.

❸ **빠르게 이해할 수 있도록 간결하고 깔끔하게 작성합니다.** 자료 조사를 많이 했다고 해서 보고서에 모두 넣을 필요는 없습니다. 1페이지 보고서에서는 목적에 맞는 내용만 추려서 핵심 정보를 간결하게 작성하면 됩니다. 길게 설명하기보다 문장을 짧게 다듬고, 필요하다면 시각화까지 하면 더욱 좋습니다. 내용을 정리하거나 비교해야 한다면 표를 사용하고, 표로 설명하기 어려운 부분은 도형으로 표현합니다. 데이터가 중요한 보고서라면 그래프로 내용을 전달하는 것도 좋습니다.

같은 맥락에서 <u>1쪽을 채울 만큼 내용이 없다면 일부러 꽉 채울 필요는 없습니다</u>. 혹시 열심히 하지 않은 것처럼 느껴질까 필요 없는 내용을 추가하기도 하고 이미 작성한 표나 도형의 여백을 지나치게 늘리면 오히려 집중도를 떨어뜨리고 정돈되지 않은 보고서처럼 보일 수 있다는 점도 알아 두세요.

## 1페이지 보고서의 예시 살펴보기

1페이지 보고서 작성 방법을 사례를 들어 자세히 살펴보겠습니다.

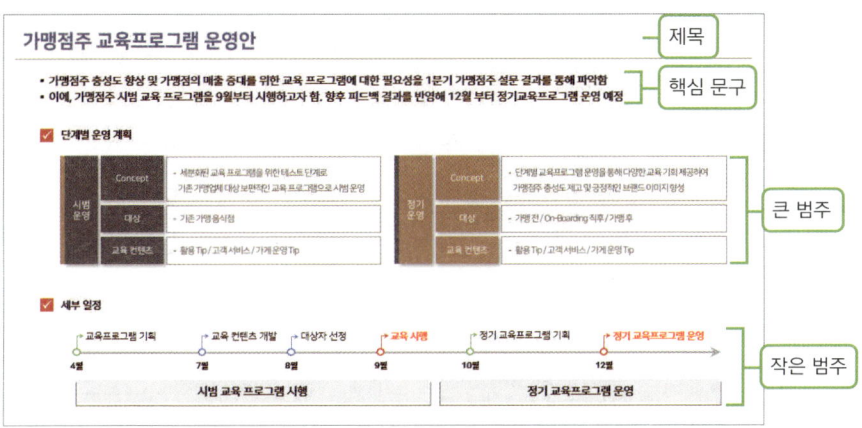

1페이지 보고서 예 1

제목은 이 보고서의 핵심을 아우를 수 있도록 '가맹점주 교육 프로그램 운영안'으로 작성하고, **핵심 문구**는 교육의 필요성과 앞으로 시행할 교육 계획을 각각 1줄로 정리했습니다. 내용은 '단계별 운영 계획'이라는 큰 범주를 먼저 설명한 후, 단계별 교육 일정을 작은 범주로 좁혀서 설명했습니다.

여기서 팁은, 운영안 보고서라 해서 운영 방식만 다룬다면 보고받는 상급자 입장에서는 세부 일정을 궁금해할 것이라는 점입니다. 그러므로 새로운 계획을 보고할 때는 시기(타임라인)를 함께 제시하는 것이 좋습니다.

다른 1페이지 보고서 사례도 살펴봅시다.

> **상황** 올해 우수직원 표창 제도를 어떻게 운영할지 설명하는 1페이지 보고서

## 우수직원 표창 운영계획(안) —— 제목

□ **추진방향**
- 경영방향(미래성장 발굴, 도전적인 기업문화)을 반영한 표창제도 운영
- 조직/사업별 구분 없이 전사를 대표하는 우수 성과자 선발
- Non-Cap 목표달성 기여자에 대한 표창수여를 통해 성과지향적 동기부여 강화

—— 핵심 문구

□ **표창제도 개요**

| 구분 | 시기 | 내용 | 비고 |
|---|---|---|---|
| 인재상 | 년 1회 | ▪ 올해 회사를 대표하는 최고 실적 기여자<br>☞ 총 0~3명/팀(대상, 최우수상, 우수상) | - 상금 : 1,000~300만원<br>- 마일리지 : 3점~1.5점<br>- 성과평가 S등급 부여<br>- 유급휴가 2일 및 CEO 축전 |
| CEO 표창 | 년 2회 | ▪ 주인정신을 바탕으로 회사 성장에 기여한 성과/사례 우수자<br>  ◦ 사업별 탁월한 업무성과 거양<br>  ◦ 경영방향(미래성과, 도전)에 대한 우수성과 달성<br>    - 미래성장 : 고객發 자기혁신, AI, 신사업 등<br>    - 도전적 업무 혁신 사례 (성과 여부 무관)<br>    - Non-Cap 사업 도전목표 달성 기여<br>  ☞ 본부/사업별 표창 TO는 부여되지 않음<br>▪ 혁신성과 우수 본부 표창<br>  ◦ 고객發자기혁신을 통해 성과를 창출한 본부 | - 상금 100만원<br>- 마일리지 : 1점<br>- 성과평가 A이상 부여<br>- 유급휴가 2일 및 CEO 축전 |
| 기관장 표창 | 년 2회 | ▪ 각 본부별 성과 우수자/팀 | - 부상금 : 30만원 |
| 연간 예산 | | 총 6,840만원 | |

—— 세부 내용

\* 적합한 대상자가 없을 경우 인재상, CEO 표창은 제외 가능
\* 표창 수상자는 개인 혹은 팀 제한을 두지 않음

1페이지 보고서 예 2

제목은 전체 내용을 포괄하도록 '우수직원 표창 운영계획'으로 작성하고, 핵심 문구는 표창 제도의 목적과 선발 방식, 기대 효과를 추진 방향에 맞추어 정리했습니다. 내용은 표를 활용해서 정리해 넣었습니다.

여기서 팁은, 표 안에 세세하게 작성하기 어려운 설명이 있다면 별표(*)를 하고 문서 아래쪽에 추가하는 것입니다. 보고서에서 내용을 보강할 정보나 참고 자료, 출처를 제공할 때에도 본문의 흐름을 방해하지 않도록 별표를 사용합니다. 이렇게 보충 정보를 따로 분리해서 배치하면 읽는 사람이 본 내용에 집중할 수 있어서 가독성과 보고서의 명확성을 높이는 효과가 있습니다.

---

**똑똑한 팀원의 알짜배기 정리**

⭐ 시간 여유가 없다면 1페이지 보고서로 작성하기

⭐ 1페이지 보고서는 핵심 문구로 결론부터 제시하기

⭐ 보고서 내용의 흐름은 큰 범주에서 작은 범주로 전개하기

**33**

# 데이터가 중요한 보고서는
# 어떻게 작성해야 할까요?

> **오늘의 목표**
> ☑ 데이터 분석의 의미를 이해하고, 데이터 분석 보고서의 예시 살펴보기

데이터는 정말 많은 곳에서 활용합니다. 회사에서는 특히 성과를 분석하거나 의사결정을 지원할 때 '데이터에 기반한 보고서'를 자주 작성하죠. 하지만 데이터를 다루는 것도 쉽지 않은데, 보고서로 만들기 위해 정리까지 해야 하니 어렵게 느껴질 수밖에 없습니다. 이번에는 데이터를 어떻게 분석해서 보고서를 작성하면 되는지, 데이터를 분석할 때는 어떤 원칙을 적용해야 하는지 소개합니다.

## 보여 주는 것을 넘어 분석해야 하는 '데이터'

가끔 '몇 월에 데이터가 올랐다/내렸다', '하락하는/반등하는 추세를 보인다' 등 그래프만 봐도 바로 알 수 있는 정보를 그대로 작성한 보고서도 있습니다. 바로 확인할 수 있는 정보를 그대로 가져와 작성했다면 분석이라고 보기 어렵습니다. 분석이란 단순히 현상을 나열하거나 묘사하는 것을 넘어서 그 현상의 원인이나 구조를 파악하고 이해하는 과정이기 때문입니다.

즉, 데이터를 분석한다는 것은 주어진 데이터와 조사한 정보를 바탕으로 왜 이런 데이터가 나왔는지 다각도로 해석하고 그 과정에서 의미 있는 내용을 도출해 내는 것을 말합니다. 그래야 보고서를 받는 사람도 궁금증이 생기지 않아 내용을 파악할 수 있기 때문입니다.

## 데이터 분석에도 3가지 순서가 있어요

그래프는 정보를 시각적으로 표현하는 도구 역할을 합니다. 그렇지만 그래프만으로는 무엇을 말하려고 하는지, 이런 데이터가 나온 이유는 무엇인지를 알 수 없습니다. 보고서를 작성하는 사람은 데이터에서 특히 어떤 부분이 중요한지 알지만, 보고서를 받는 사람은 처음 보는 데이터일 것이므로 바로 이해하고 내용을 파악하기 어렵습니다. 따라서 데이터를 단순히 시각화하는 것에서 끝나지 않고, 데이터를 해석하는 내용도 함께 작성하는 것이 중요합니다. 분석한 데이터의 내용을 작성할 때는 다음 3단계를 따르는 것이 좋습니다.

> **데이터 분석 내용을 작성하는 3단계**
> ❶ 종합적인 데이터 내용 분석하기
> ❷ 눈에 띄는 데이터, 설명해야 하는 데이터 분석하기
> ❸ 부연 설명이 필요한 경우 덧붙이기 (이슈, 미래, 경쟁사 추이 등)

❶ **데이터를 종합적으로 분석합니다.** 데이터의 전체 흐름이나 특징 등 종합적인 분석 내용을 먼저 제시합니다. 그래야 보는 사람이 데이터의 큰 틀을 이해한 뒤, 세부 내용을 받아들이기 쉽기 때문입니다. 전체 구조를 분석하지도 않고 세부 수치만 설명하면 흐름을 놓치기 쉽고 그 부분이 전체 맥락에서 차지하는 중요성도 이해하기 어렵습니다.

❷ **튀는 데이터, 변동이 큰 데이터 등 설명할 필요가 있는 데이터를 분석합니다.** 그래프에서 유독 눈에 띄거나 변동이 큰 부분이 있다면 보고서에서 그 지점을 짚어 설명해야 합니다. 시선을 끄는 수치는 자연스럽게 '왜 그런가?'라는 질문을 유발하므로 해당 부분을 설명하지 않으면 오해를 낳거나 설득력이 약해질 수 있습니다. 질문이 생길 만한 포인트는 미리 짚어 줘야 혼란을 줄일 수 있습니다.

❸ **부연 설명이 필요한 내용을 덧붙입니다.** 데이터만 봤을 때 알 수 없는 이슈, 시장 변화, 경쟁사 추이 등과 연결지어 부연 설명을 해야 할 경우에는 내용을 덧붙여서 보완해야 합니다. 단순한 수치 설명을 넘어 맥락을 확장해서 설명하면 더 풍부하게 해석할 수 있고, 의사 결정자가 전략적 판단을 내리는 데 도움을 줄 수 있습니다.

## 데이터 분석 내용을 1페이지 보고서로 작성하기

실제 사례를 보면서 데이터 분석 내용을 어떻게 보고서로 작성하는지 알아보겠습니다.

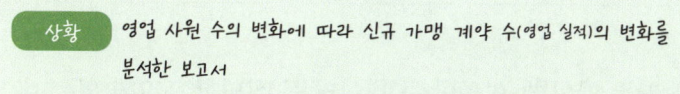

상황 영업 사원 수의 변화에 따라 신규 가맹 계약 수(영업 실적)의 변화를 분석한 보고서

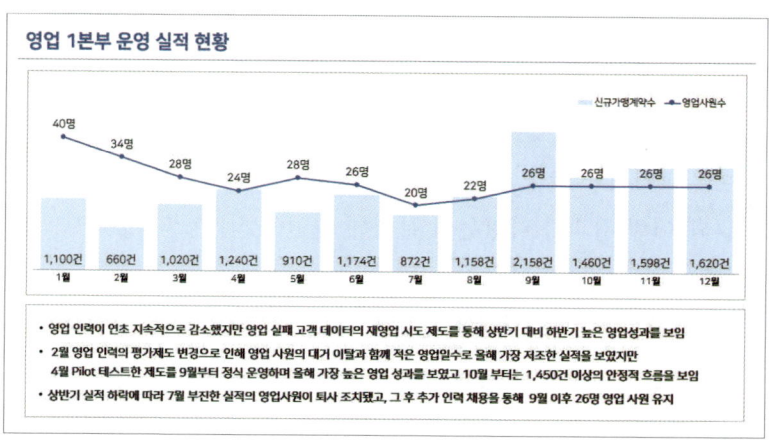

데이터 분석 보고서 예

❶ 데이터를 종합적으로 분석합니다. 선그래프를 보면 연초 영업 인력이 계속해서 감소하다 9월부터 일정해졌으며, 신규 가맹 계약 수는 상반기보다 하반기에 많은 것을 알 수 있습니다. 하반기 성과가 개선된 데에는 몇 가지 요인이 있는데, 특히 기존 영업 실패 데이터로 재영업을 시도한 것이 효과가 있었던 것으로 분석되었습니다. 따라서 종합적인 내용을 분석하는 첫 번째 문장에서는 1년간의 영업 인력 변화와 실적 추이를 종합해, 하반기 실적이 좋아진 원인을 중심으로 전체 흐름을 요약했습니다.

> **하반기 실적이 좋은 이유 분석**
>
> 영업 인력이 연초 지속적으로 감소했지만 기존 영업 실패 고객 데이터의 재영업 시도 제도를 통해 상반기 대비 하반기에 높은 영업 성과를 보임

❷ **눈에 띄는 데이터, 변동이 큰 데이터 등 설명할 필요가 있는 데이터를 분석합니다.** 막대그래프를 보면 영업 성과가 좋은 달은 상반기에는 4월, 하반기에는 9월이라는 것을 알 수 있습니다. 그리고 1년을 기준으로 했을 때 2월에 실적이 가장 좋지 않습니다. 이렇게 그래프를 분석하는 두 번째 문장에서는 데이터에서 눈에 띄는 부분을 보고 왜 이런 결과가 나왔는지 분석해 원인을 작성합니다.

> **눈에 띄는 데이터의 원인 분석**
>
> 2월 영업 인력의 평가 제도를 변경함에 따라 영업 사원의 대거 이탈과 함께 적은 영업일 수로 올해 가장 저조한 실적을 보였지만, 4월 Pilot 테스트한 제도를 9월부터 정식 운영하며 올해 가장 높은 영업 성과를 보였고, 10월부터는 1,450건 이상의 안정된 흐름을 보임

❸ **부연 설명이 필요한 경우 내용을 덧붙입니다.** 이제는 그 외 추가로 설명할 부분을 분석해야 합니다. 이번 사례에서는 7월에 영업 인력이 가장 적고 9월부터 일정하게 유지되는 것으로 보입니다. 그 이유를 파악해 본 결과 7월에 실적이 부진한 영업 사원이 퇴사 조치됐고, 9월에 신규 인력이 채용된 것을 확인했습니다. 이렇게 특이한 이유가 있다면 데이터를 분석해서 부연 설명을 추가해야 합니다.

> **특이한 데이터의 부연 설명**
>
> 상반기 실적이 하락함에 따라 7월 실적이 부진한 영업 사원을 퇴사 조치했고, 그 후 추가 인력 채용으로 9월 이후 영업 사원 26명 유지

데이터 중심의 1페이지 보고서에서 핵심은, 그래프를 작성한 사람은 무엇이 중요한지 이미 잘 알고 있지만 보고서를 받는 사람은 그래프만으로는 핵심이나 인사이트를 바로 파악하기 어렵다는 것입니다. 따라서 보고서에 그래프를 넣었다면 반드시 그 의미와 분석 내용을 함께 설명해야 합니다.

---

**똑똑한 팀원의 알짜배기 정리**

★ 데이터 분석은 왜 그런 결과가 나왔는지 다각도로 파악하는 것

★ 그래프를 그렸다면 분석하는 내용 반드시 작성하기

★ 데이터 분석은 큰 범주에서 작은 범주로 설명하기

### 34
# 통과를 부르는 기획서 작성법

> **오늘의 목표**
> ☑ 기획서의 4단계 흐름을 알고, 각 단계의 구성과 표현 방식 이해하기

'28. 보고서는 기획이 반이다!'에서 기획은 목적에 맞게 적합하게 행동할 수 있도록 계획하는 것이라고 설명했습니다. 그렇다면 '기획서'는 목적에 맞게 적합하게 행동할 수 있도록 계획을 문서화한 것이 되겠죠. 15년 이상 기획 업무를 하며 수많은 기획서를 작성해 왔고, 그 과정에서 기획서를 구성할 때는 문서의 흐름이 무엇보다 중요하다는 사실을 깨달았습니다. 이 흐름은 앞으로 여러분이 막막할 때 든든한 내비게이션이 되어 줄 것입니다. 이제 함께 기획서를 구성하는 노하우를 알아볼까요?

## 기획서는 2가지 종류가 있습니다

흔히 기획서는 여러 종류가 있다고 생각하지만, 막상 분류해 보면 크게 2가지로 나뉩니다. 현재 문제점을 파악하고 해결책을 제시하는 '개선 기획서'와 기존 문제를 분석한 결과 단순히 개선하는 것만으로는 해결하기 어려워 새로운 방안을 제시하는 '신규 기획서'입니다.

기획서는 단순히 정보를 나열하는 것으로 끝나지 않습니다. 처음부터 끝까지 기획서에 집중할 수 있도록 읽는 사람의 흥미도 끌어야 하고, 왜 이렇게 기획했는지 타당성도 있어야 하며, 내용을 자연스럽고 쉽게 전달해 이해할 수 있도록 도와야 하죠. 이야기가 기승전결의 흐름으로 사람들이 몰입할 수 있도록 이끌듯, 기획서도 처음부터 끝까지 하나의 흐름으로 자연스럽게 연결해야 합니다. 기획을 한 이유와 실행했을 때 이후 달라지는 점은 무엇인지 흥미롭게 보여주려면 다음 흐름에 따라 기획서를 작성하는 것이 좋습니다.

## 기획서의 4단계 흐름을 기억해 두세요

그럼 기획서의 단계별 흐름을 조금 더 자세히 살펴보겠습니다.

| 개선 기획서 | | 신규 기획서 |
|---|---|---|
| 써머리(Summary) | 1단계 | 써머리(Summary) |
| 현황(Situation) | 2단계 | 현황(Situation) |
| 개선안(Solution) | 3단계 | 신규 제안(Suggestion) |
| 기대 효과(Expectation) | 4단계 | 기대 효과(Expectation) |

## 한 장으로 핵심을 관통하는, 써머리

영화 예고편 영상은 영화 내용과 장르, 주요 내용과 갈등 상황 등을 함축해서 보여 줌으로써 관객의 관심을 끌고 기대감을 높이는 역할을 합니다. 그래서 많은 사람은 영화 예고편을 보며 이 영화를 볼지, 말지를 결정하곤 합니다. 기획서에서 써머리(Summary)는 영화의 예고편과 같은 역할을 합니다. 써머리는 기획서의 전체 줄거리와 흐름을 요약해서 먼저 보여 주어 **내용을 빠르게 파악하고 이해하기 쉽게 만들** 뿐만 아니라, 이후 이어질 상세 내용에 대한 관심과 기대감도 높여 줍니다. 써머리는 단순한 요약이 아니라, 기획서의 핵심을 한눈에 전달하고 다음 페이지로 자연스럽게 몰입하게 하는 도입 장치입니다. 써머리를 작성할 때는 **기획서의 목적, 결론, 핵심 내용을** 순서대로 정리하는 것이 좋습니다.

> **써머리(Summary)의 구성 요소**
> - 기획서의 목적
> - 기획서의 결론
> - 핵심 내용

기획서의 써머리를 어떻게 구성해야 하는지 실제 사례로 확인해 보겠습니다.

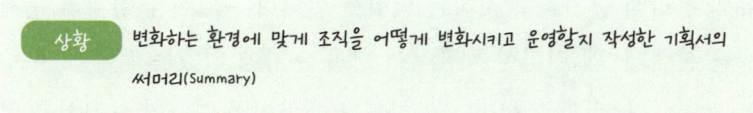

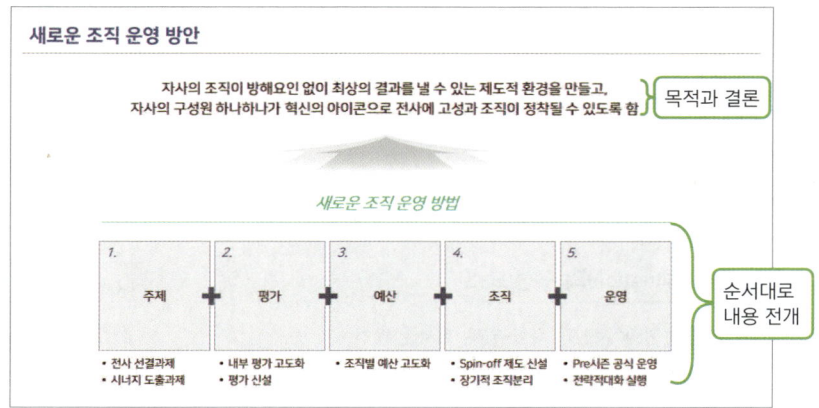

써머리의 구성 예

먼저 목적과 결론을 설명합니다. 조직이 다른 방해 요인 없이 최상의 결과물을 내려면 변화가 필요하다는 목적을 이야기하고, 조직 운영 방식을 바꾸면 궁극적으로 성과를 내는 조직이 될 수 있다는 결론을 담았습니다.

그 후 이어질 내용인 새로운 조직 운영 방법을 예측할 수 있도록 구성했습니다. 고성과를 낼 수 있는 조직이 되기 위해 앞으로 어떤 변화가 필요한지를 주제부터 운영까지 5가지 핵심 항목으로 정리해 기획서의 전체 내용을 한눈에 파악할 수 있도록 했습니다.

## 논리의 출발점이 되는, 현황

현황(Situation)은 뒤에 이어질 개선안이나 새로운 제안이 필요한 이유의 논리적 근거를 제시하는 역할을 합니다. 즉, 현재 상황의 문제점을 분석해 '왜 이러한 해결책이 나올 수밖에 없었는가'를 보여 주는 것입니다. 현황 분석이 부족하거나 생략되어 있다면 보고서를 읽는 사람은 제안된 방향에 대한 타당성을 납득하기 어렵고, 기획서 전체의 흐름이나 논리 역시 설득력을 잃게 됩니다. 따라서 '왜 이 결론에 도달했는가'를 설명하는 현황 분석은 기획서의 핵심 구성 요소라 할 수 있습니다.

> **현황(Situation)의 구성 요소**
> - 내부 현황: 자신이 속한 부서, 회사 현황 등
> - 외부 현황: 자신이 속하지 않은 타 부서, 경쟁사, 외부 환경, 정부 정책 변화 등

현황을 작성할 때는 내부 현황과 외부 현황을 균형 있게 작성해야 합니다. 만약 내부 현황만 다루면 기획서를 읽는 사람은 외부 현황이 궁금할 수밖에 없고, 외부 현황만 다루면 내부 현황은 어떠한 차이가 있는지 등의 설명이 부족해서 뒤에 이어지는 개선안(Solution)이나 새로운 제안(Suggestion)의 당위성을 주장하기 어렵습니다. 즉, 외부와 내부 어느 한쪽만 다룬 기획서는 의사결정자가 전체 상황을 정확히 판단하기 어렵게 합니다. 그러므로 기획서를 작성할 때에는 내외부 현황을 함께 분석해서 제시해야 완성도를 높일 수 있습니다.

현황을 작성할 때에는 자신이 속한 부서나 회사가 무엇을 어떻게 잘하고 있는지, 부족한 점은 무엇인지(내부 현황), 타 부서나 경쟁사가 무엇을 어떻게 잘하고 있는지, 부족한 점은 무엇인지(외부 현황) 균형있게 다뤄야 합니다.

이번에도 기획서의 현황을 어떻게 구성해야 하는지 실제 사례로 확인해 보겠습니다.

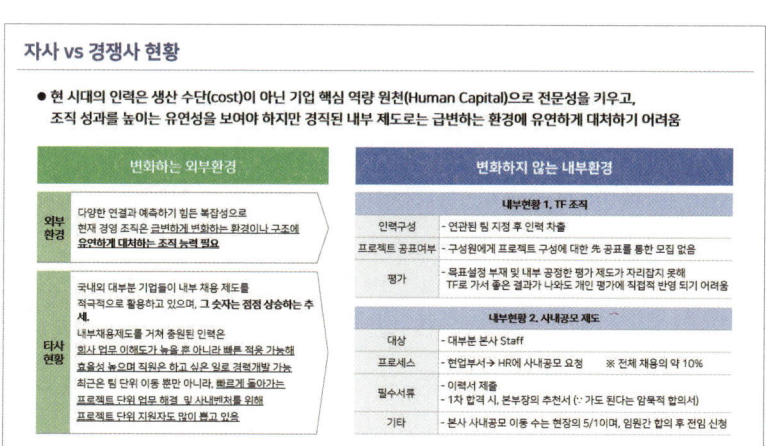

현황의 구성 예

내부 현황과 외부 현황을 함께 비교하고, 변화하는 경쟁사들의 현황과 변화하지 않는 내부 현황을 비교하도록 작성해 내부 제도를 개선해야 한다는 당위성을 보여 주었습니다. 만약 변화하는 외부 현황만 제시했다면 보고서를 읽는 의사결정자는 우리 회사는 어떻게 하고 있는지 궁금할 수밖에 없고, 변화하지 않는 내부 현황만 작성했다면 외부가 변화하고 있는지, 아닌지를 알 수 없어서 쉽게 의사 결정을 내리기 어려울 것입니다. 이때 정보를 지나치게 많이 담아서는 안 됩니다. 내용도 복잡해 보이고 보는 사람의 주의력도 떨어질 수 있으므로 우선순위가 높은 핵심 정보 3~5가지 정도만 선별해서 구성하는 것이 효과적입니다.

## 형식에 따라 달라지는 개선안과 신규 제안

현황을 살펴보았을 때 몇 가지만 개선하거나 보완하는 것으로 해결할 수 있는 문제라면 개선안(Solution)을 제시하면 됩니다. 반면에 단순히 개선하는 것만으로는 해결되지 않고 새로운 방안이 필요하다면 신규 제안(Suggestion)을 작성해야 합니다. 개선안을 제시하는 문서는 '개선 기획서'가 되고, 새로운 제안을 담은 문서는 '신규 기획서'가 됩니다.

**개선안**

- Case 1: 여러 사항을 모두 개선
- Case 2: 변화해야 할 현재(As-is)와 이상적인 미래(To-be)를 비교

**신규 제안**

- 새롭게 제안하는 내용, 사전에 필요한 사항 설명

개선안은 주로 2가지 방식으로 구성됩니다. 첫 번째는 여러 사항을 동시에 개선해야 하는 경우입니다. 예를 들어 회사 전체의 조직 문화를 바꾸고자 할 때 단순히 호칭 문화만 바꿔서는 해결되지 않습니다. 평가 방식, 복장 규정, 호칭 문화 등 다양한 요소를 함께 다뤄야 실질적인 변화가 생깁니다. 이처럼 복합적인 개선이 필요한 경우 이를 중심으로 개선안을 구성할 수 있습니다.

두 번째는 현재 상태(As-is)와 이상적인 미래 상태(To-be)를 비교해 보여 주는 방식입니다. 이 방식은 다음 사례를 통해 살펴보겠습니다.

> **상황** 조직의 규모가 커지면서 현재 팀의 역할만 수행해서는 여러 문제가 발생함에 따라 팀의 역할을 개선하기 위해 작성한 기획서 중 개선안

**팀명 개선에 따른 역할 변화**

- 영업교육팀을 교육 컨설팅팀으로 변경해 확장된 역할에 따른 방향성 및 컨텐츠 제작 진행하고자 함

| | AS-IS | | TO-BE |
|---|---|---|---|
| 팀명 | - 영업교육팀 | 팀명 | - 교육 컨설팅팀 |
| 방향성 | - 영업부서 조직 내 직원의 영업력 및 역량 강화를 위한 교육 수행 | 방향성 | - 영업부서 조직의 역량강화와 가맹계약을 맺은 가맹점주의 가맹점 운영 능력 향상을 위한 교육 수행 |
| 교육 대상 | - 영업부서 내부 직원 | 교육 대상 | - 영업부서 내부 직원 및 가맹점주 |
| 주요 컨텐츠 | - 정책/주요 프로세스 등 | 주요 컨텐츠 | - 내부직원: 주요 정책 및 프로세스 등<br>- 가맹점주: 가맹점 운영 Tip, 커뮤니케이션/운영 노하우 등 |

개선안 구성 예

여기서는 현재 상태(As-is)와 이상적인 미래 상태(To-be)를 비교해 변화 방향을 설명하는 방식으로 개선안을 작성했습니다. 팀명, 방향

성, 교육 대상, 주요 콘텐츠 등 동일한 항목을 기준으로 현재와 미래를 나란히 정리해 어떠한 변화가 이루어질지 보여주었습니다. 이러한 방식은 비교할 항목을 같은 기준으로 했을 때 특히 효과적입니다. 이번 사례는 현재와 미래를 비교하며 변화의 흐름을 명확하게 전달할 수 있으므로 이 구조를 눈에 잘 익혀 두면 좋습니다.

다음으로 신규 제안을 살펴보겠습니다. 기존 방식을 개선하는 수준을 넘어 완전히 새로운 방법을 제안하는 경우이므로 그 내용이 무엇인지 명확히 설명해야 합니다. 또한 유관 부서의 협조나 예산 등이 필요하다면 사전에 파악해 함께 제시합니다. 명확한 설명이나 사전 준비 사항을 알려 주지 않고 새로운 방안을 도입하겠다고만 하면 의사결정자는 실제로 어떻게 진행될지 알 수 없습니다. 이번에도 마찬가지로 사례를 통해 살펴보겠습니다.

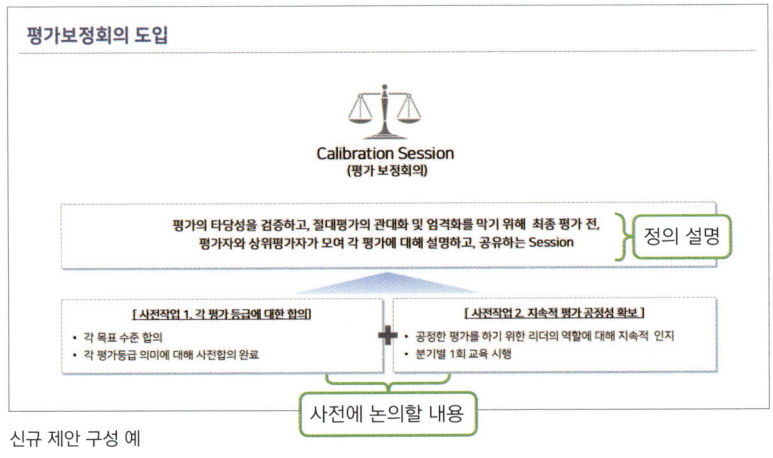

신규 제안 구성 예

이 신규 제안에서는 평가 방식을 절대평가로 바꾸어야 한다는 것을 제안하며 절대평가의 타당성을 높이기 위해 평가 완료 후 '평가 보정회의'라는 제도를 도입하고자 했습니다. 평가 보정회의는 처음 도입하는 제도이므로 자세히 설명하고, 이 제도를 도입할 때 사전에 해야 할 2가지 작업으로 '평가 등급 협의'와 '공정성 확보를 위한 교육'에 관한 설명도 함께 작성했습니다.

## 의사결정을 위한 마지막 승부수, 기대 효과

사소한 물건을 구매할 때도 제품 설명이나 다른 사람의 리뷰를 확인하고 선택하듯, 기대 효과도 이런 관점에서 작성하면 유용합니다. 기대 효과는 기획서를 읽는 의사결정자에게 앞에 제시한 개선안이나 신규 제안이 효과가 있다는 것을 설명하고, 의사결정을 빠르게 할 수 있도록 돕는 역할을 합니다. 그러므로 개선안이나 신규 제안을 실행했을 때 비용 효과, 문제 해결 등 어떤 부분에서 기대 효과가 있을지 정량적·정성적 관점에서 구체적으로 표현해야 합니다. 이렇게 해야 의사결정자가 기대 효과를 객관적으로 이해해 시행 여부를 좀 더 잘 판단할 수 있습니다.

> **상황** 가맹점주 알림 사항에 문제점이 있어서 알림톡 도입을 새롭게 제안한 기획서에 나타낸 기대 효과

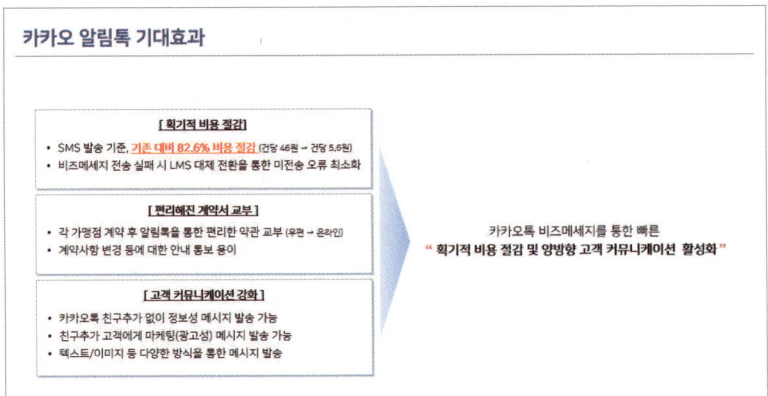

기대 효과 구성 예

알림톡을 사용하면 비용 절감 등의 정량적인 기대 효과뿐 아니라 양방향 고객 커뮤니케이션까지 활성화되어 정성적 기대 효과를 충족할 수도 있다는 점을 설명했습니다.

이때 기대 효과는 1가지보다 3가지 정도로 작성하는 것이 좋습니다. 물건을 구매할 때 장점이 많은 제품을 선택하듯이, 수많은 기획서를 읽어야 하는 상급자의 입장에서 생각해 봤을 때 기대 효과가 1개인 것보다 여러 개인 것으로 결정할 가능성이 높기 때문입니다.

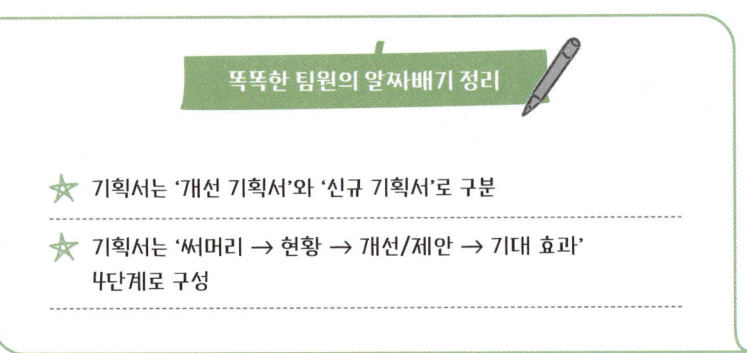

# 35
## 100점짜리 보고서의 글쓰기 기술

**오늘의 목표**

☑ 효과적인 보고서 제목 작성법 이해하기
☑ 비즈니스 라이팅의 4가지 원칙을 바탕으로 문장 작성해 보기

문서의 간소화 정책으로 많은 회사에서는 보고서를 길게 작성하지 않도록 권고하기도 합니다. 그럴수록 전달하려는 내용을 더욱 간결하고 분명하게 작성해야 합니다. 보고서의 글쓰기, 즉 비즈니스 라이팅(business writing)은 점점 더 중요해지고 있습니다. 전달하려는 내용을 분명하고 똑똑하게 작성하는 방법을 알아보겠습니다.

## 주요 메시지를 명확히 보여 주는 '제목'

페이지 내용을 잘 구성했어도 막상 제목을 작성할 때 어려움을 겪는 경우가 많습니다. 제목은 다른 어떤 문장보다도 보고서의 전체 내용을 함축해서 보여 줘야 하기 때문입니다. 보고서 제목을 만들 때는 무엇을(subject, 주제) 어떻게(action, 실행) 관점에서 생각하면 쉽습니다.

> **제목 작성 원칙**
> - 무엇을(subject, 주제) + 어떻게(action, 실행) 관점에서 생각하기
> - 핵심 내용만 간결하고 분명하게 전달하기

제목 작성 원칙을 쉽게 이해할 수 있도록 다음 예시를 들어 보겠습니다.

| 무엇을(주제) | 어떻게(실행) | 보고서 제목 |
| --- | --- | --- |
| 팀장급 외부 교육 | 시행 결과 보고 | 팀장급 외부 교육 시행 결과 보고 |
| A시장 | 성장 전망 | A시장의 성장 전망 보고 |

팀장급 외부 교육을(무엇을) 진행한 후 참석 인원, 참석자 만족도, 주요 피드백 사항 등을 보고해야 한다면 이 모든 행동을 포괄하는 '어떻게'는 '시행 결과 보고'가 됩니다. 이때는 '팀장급 외부 교육 시행 결과 보고'와 같이 보고서 제목을 지을 수 있겠죠. 예시를 하나 더 살펴볼까요? A시장의 성장 가능성을 분석하고 향후 방향을 제시해야

하는 경우, 이 행동을 포괄하는 '어떻게'는 성장 전망이 됩니다. 따라서 보고서 제목은 'A시장의 성장 전망 보고'처럼 지을 수 있습니다.

또한 보고서 제목은 간결하면서도 핵심 내용을 전달해야 보고를 받는 사람이 쉽게 이해할 수 있습니다. 예를 들어 '1분기 회사 매출 증가를 위한 전략 및 분석 보고서'라는 제목보다 '1분기 회사 매출 증가 전략'이 훨씬 더 명확해 보입니다.

### 비즈니스 라이팅의 4대 원칙

비즈니스 라이팅은 넓은 범위로 보면 '글쓰기'입니다. 글쓰기 실력은 몇 번 연습한다고 해서 쉽게 좋아지지 않습니다. 하지만 몇 가지 원칙에 따라 꾸준히 반복해서 연습하다 보면 어느 순간 실력이 쑥 올라가 있을 것입니다. 비즈니스 라이팅을 잘하려면 명심해야 할 4가지 원칙을 소개합니다.

---

**비즈니스 라이팅의 4대 원칙**

❶ 결론부터 작성하기
❷ 더 짧게 쓸 수 있을지 생각하기
❸ 더 쉽게 쓸 수 있을지 생각하기
❹ 다 쓰고 나서 읽어 보고 어색한 부분 수정하기

---

❶ 결론부터 작성하는 습관을 들여 보세요. 보고서는 읽는 사람이 핵심을 빠르게 파악하고 의사결정을 내리도록 돕는 문서입니다. 드

라마나 영화를 볼 때 결론을 알면 내용을 이해하기 쉬운 것처럼, 보고서 역시 결론을 먼저 제시해야 읽는 사람이 내용을 더 쉽게 따라갈 수 있습니다.

❷ 문장이 길어 보인다면 더 짧게 쓸 수 있을지 고민해야 합니다. 보고서는 긴 문장보다 1~2줄 정도의 단문으로 작성하는 것이 좋습니다. 길게 설명해야 할 때도 한 문장에 담기보다 짧게 끊어서 여러 개로 나누어야 가독성이 높아집니다. 이렇게 하면 내용을 빠르고 정확하게 전달해서 이해도를 높일 수 있습니다.

❸ 용어를 사용할 때는 더 쉽게 쓸 수 있는 방법을 생각해 봅니다. 누구나 아는 단어로 문장을 구성하는 것이 가장 좋지만, 상황에 따라 생소한 용어나 특정 단어를 써야 하는 경우가 있습니다. 이때에는 별표(*)와 괄호( ( ) ) 등을 이용해 추가로 설명해 주면 됩니다. 복잡한 표현보다 명확하고 직관적인 문장을 사용해야 이해하는 데 훨씬 효과적입니다.

예시를 통해 살펴보겠습니다. 이 예시에서는 '인디펜던트 워커'라는 단어를 사용했는데 일반적으로 많은 사람에게 생소할 수도 있으므로 자세히 설명해야 합니다.

> 최근 일하는 방식과 고용시장의 변화로 인디펜던트 워커의 성장이 예상되며, 이는 온라인 시장의 높은 성장 잠재력을 의미

1차 수정에서는 '인디펜던트 워커'란 무엇인지 괄호를 사용해서 설명했는데 내용이 많아 문장이 길어져서 한눈에 들어오지 않습니다.

> **1차 수정**
> 최근 일하는 방식과 고용시장의 변화로 인디펜던트 워커(어디에도 소속되지 않은 채 자신의 기술, 능력, 자원으로 계약을 맺고 일해서 돈을 받는 독립적인 노동 주체)의 성장이 예상되며, 이는 온라인 시장의 높은 성장 잠재력을 의미

따라서 원문의 '인디펜던트 워커'에 *를 표시하고 각주로 용어를 설명했습니다. 이렇게 하면 주목해야 할 원문에 집중할 수 있습니다.

> **최종 수정**
> 최근 일하는 방식과 고용시장의 변화로 인디펜던트워커의 성장이 예상되며, 이는 온라인 시장의 높은 성장 잠재력을 의미
>
> *인디펜던트워커: 어디에도 소속되지 않고 개인이 기술, 능력, 자원으로 계약을 통해 일하고 돈을 받는 독립적 노동 주체

❹ **내용을 작성한 후 읽어 보고 어색한 부분을 수정합니다.** 문장을 쓸 때는 괜찮아 보였지만, 다시 읽으면 어색하거나 흐름이 자연스럽지 않은 경우가 많습니다. 전체 내용을 다시 읽으면서 표현과 문맥을 다듬는 것만으로도 특별히 기교를 부리지 않고 문장을 매끄럽게 만들 수 있습니다. 무엇보다 중요한 것은, 보고서는 나를 위한 글이 아니라 상대방이 읽는 문서라는 점입니다. 요청한 사람이 충분히 이해하고 납득할 수 있도록, 상대방의 입장에서 어떻게 읽힐지 고려하며 수정해야 합니다.

이제 앞에서 배운 비즈니스 라이팅의 4대 원칙을 바탕으로 단문을 요약해 보겠습니다.

> **원문** 업무 만족도는 직원들의 이직률을 예측하는 데 중요한 지표로 사용되어 왔다. 그러나 최근 몇 년 새 경영진의 관심은 자발적인 노력의 정도를 가늠하기 위해 직원 몰입도로 옮겨 가고 있다.

문장을 수정할 때 첫 번째로 할 일은 문장을 줄이는 것입니다.

**1차 수정**

> **문장 줄이기** 그간 업무 만족도는 직원들의 이직률을 사용했으나, 최근 자발적인 노력을 판단하는 직원 몰입도가 각광받고 있음

그다음으로 읽는 사람이 더 쉽게 이해할 수 있도록 문장 안에서 순서를 바꿔 보기도 하고, 다른 단어를 사용해서 뜻이 좀 더 명확하게 보이게 합니다.

**2차 수정**

> **순서 바꾸기** 직원 개인의 자발적 노력 정도를 측정하는 직원 몰입도가 업무 만족도 측정으로 이직률 지표를 대체

**3차 수정**

> **단어 교체** 직원 개인의 자발적 노력 정도를 측정하는 직원 몰입도가 업무 만족도를 측정하는 새 지표로 각광

마지막으로 문장에서 강조할 부분을 표시하고 빠진 내용이 있는지 확인합니다. 보충할 내용이 있다면 괄호 또는 각주를 활용해서 효과적으로 읽히도록 바꿉니다.

> 최종 수정

**최종** 직원 개인의 자발적 노력 정도를 측정하는 <u>직원 몰입도</u>가 업무 만족도 측정 지표로 각광(과거: 이직률)

최종 수정에서는 새롭게 각광받는 '직업 몰입도'가 중요해서 관련 내용에 밑줄을 그어 강조했습니다. 그리고 보고서를 읽는 사람이 '그렇다면 과거에는 어떤 지표를 봤을까?'라는 의문을 제기할 수 있으므로 괄호를 사용해 '과거: 이직률'이라는 정보를 덧붙여서 최종 문장을 완성했습니다. 이처럼 상황에 따라 괄호 또는 각주 등을 활용하면 문장이 길어지는 것을 막을 수 있고, 이해도 또한 높일 수 있습니다.

---

### 똑똑한 팀원의 알짜배기 정리

⭐ 제목은 '무엇을'과 '어떻게' 관점에서 생각하기

⭐ 결론부터 말해서 상대방이 빠르게 판단할 수 있도록 돕기

⭐ 짧고 명확하게 쓰고, 다 쓴 뒤에는 수정하기

## 36
# 줄글도 있어 보이게 만드는 표 활용법

**오늘의 목표**
☑ 똑똑한 표 활용법을 배우고 다양한 사례에 적용해 보기

짧은 시간 안에 내용을 정리해야 한다면 무조건 '표'를 떠올리세요. 표만 제대로 써도 문서의 가독성을 높여서 전달하려는 내용을 명확하게 표현할 수 있습니다. 표는 글보다 눈에 빠르게 들어오고, 복잡한 내용을 구조화하는 데도 효과적입니다. 특히 의사결정자는 긴 글보다 정리된 정보를 선호하므로 표는 가장 기본적이면서도 강력한 시각화 도구입니다. 그럼 표를 어떻게 활용하면 좋은지 알아볼까요?

### '기본 표'보다 격자 음영을 제거한 표를 추천해요

표는 한글이나 워드, 파워포인트(PPT) 등의 서식 프로그램에서 쉽게 만들 수 있는데요. 표를 사용할 때에는 왼쪽과 같이 파워포인트에서 제공하는 '기본 표'보다 오른쪽처럼 음영을 제거해서 쓰는 것이 좋습니다. 그 이유는 다음 2가지입니다.

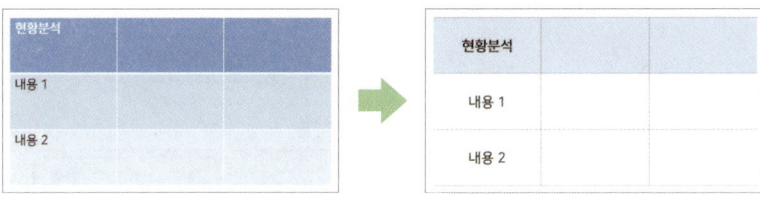

PPT 프로그램에서 제공하는 '기본 표' 디자인     음영을 제거한 표 디자인

❶ 음영 때문입니다. 파워포인트에서 제공하는 '기본 표' 디자인을 그대로 사용하면 파란색과 하늘색 계열의 격자 음영이 들어갑니다. 그런데 이 음영 때문에 글자를 굵게 하거나 행에 색을 넣어 강조하더라도 정작 잘 보여야 할 내용이 가독성 있게 드러나지 않습니다.

❷ 글자 크기, 정렬 방식 때문입니다. '기본 표'는 글자 크기가 18pt이고 위쪽-왼쪽 맞춤으로 정렬되어 있습니다. 그리고 머리글 행과 다른 행의 글자색이 각각 흰색과 검은색으로 지정되어 있습니다. 표는 정보를 구조적으로 정리해서 글을 안정감 있게 전달해 주지만, 글자가 위쪽으로 정렬되어 있거나 글자 크기가 지나치게 크면 오히려 산만해 보일 수 있습니다. 따라서 기본 설정을 그대로 사용하기보다 글자가 잘 보이도록 크기와 정렬을 조정하는 것이 좋습니다.

## 표에서 메시지를 명확하게 나타내는 4가지 포인트

표를 가독성 있고 똑똑하게 활용하려면 4가지 포인트에 유념해야 합니다. 예시를 보며 4가지 포인트를 자세히 살펴보겠습니다.

| ❶ 볼드(Bold) & 정렬 | |
|---|---|
| • ❷ 글머리 기호 표시 | |
| • | ❸ 같은 행 높이 |
| • | |
| • | ❹ 중요한 것만 강조 |

❶ **볼드와 정렬**입니다. 글자의 굵기와 정렬 방식을 통일하면 집중력을 높일 수 있습니다. 왼쪽 표처럼 들쭉날쭉하게 정렬하고 볼드를 적용했다가 하지 않기도 하면 시선이 분산되어 내용을 이해하는 데 방해될 수 있습니다. 그래서 머리글 행이나 1열은 오른쪽 표처럼 볼드를 적용하고, 동일한 정렬 기준으로 통일감을 주는 것이 좋습니다.

| 구분 | 세부내용 |
|---|---|
| 글머리 사용 | |
| 정렬 방식 | |
| 강조 활용 법 | |

➡

| 구분 | 세부 내용 |
|---|---|
| 글머리 사용 | |
| 정렬 방식 | |
| 강조 활용 법 | |

글자의 굵기와 정렬이 제각각 　　　글자의 굵기와 정렬을 통일

❷ 글머리 기호입니다. 글머리 기호는 문장 맨 앞에서 글을 구분 지어주고, 명확하게 보여 줍니다. 표에서 여러 내용을 같은 행에 작성할 때 오른쪽 표처럼 글머리 기호를 사용하면 각 행의 글을 구분해서 좀 더 명확하게 표현할 수 있습니다. 이때 들여쓰기(문장 시작을 안쪽으로 이동)나 내어쓰기(글머리를 본문보다 바깥쪽으로 이동)를 하면 가독성이 높아집니다.

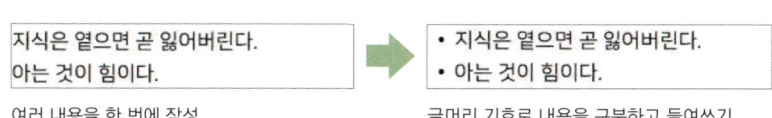

여러 내용을 한 번에 작성                    글머리 기호로 내용을 구분하고 들여쓰기

❸ 행 높이입니다. 내용이 1줄이라면 1줄에 맞는 행 높이를, 2줄이라면 2줄에 맞는 행 높이를 사용하는 것이 좋습니다. 왼쪽 표의 행 높이는 모두 같은 반면, 오른쪽 표는 줄 수에 따라 행 높이를 조정했습니다. 내용이 적은데도 페이지를 채우기 위해 표를 길게 또는 넓게 늘릴 필요는 없습니다.

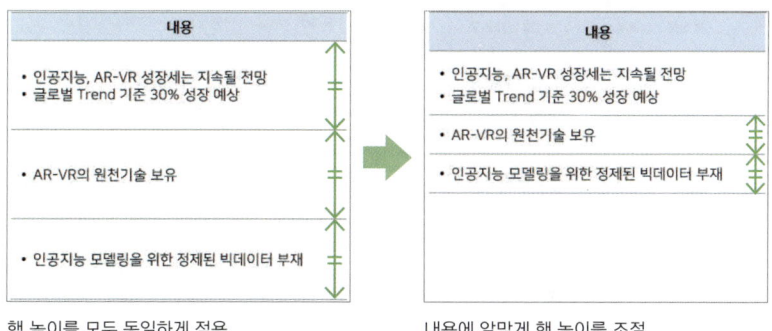

행 높이를 모두 동일하게 적용                내용에 알맞게 행 높이를 조절

❹ **강조**입니다. 표에서 테두리 색을 변경하거나 원하는 행만 색을 적용해서 강조해 보세요. 단, 왼쪽 표처럼 중요한 것이 많다고 해서 모두 표시하면 혼란스러울 수 있습니다. 오른쪽 표처럼 정말 중요하다고 생각하는 부분만 음영 또는 테두리 색을 적용해 주세요.

| 구분 | 세부내용 |
|---|---|
| 글머리 사용 | • 글머리 기호를 사용해야 함 |
| 정렬 방식 | • 알맞은 정렬 방식 사용 |
| 강조 활용법 | • 강조는 남발하지 않고 사용 |

색을 모두 표시해서 혼란스러워 보임

| 구분 | 세부내용 |
|---|---|
| 글머리 사용 | • 글머리 기호를 사용해야 함 |
| 정렬 방식 | • 알맞은 정렬 방식 사용 |
| 강조 활용법 | • 강조는 남발하지 않고 사용 |

가장 중요한 것만 테두리 색으로 강조

실제 사례로 효과적인 표 사용법을 복습해 보겠습니다.

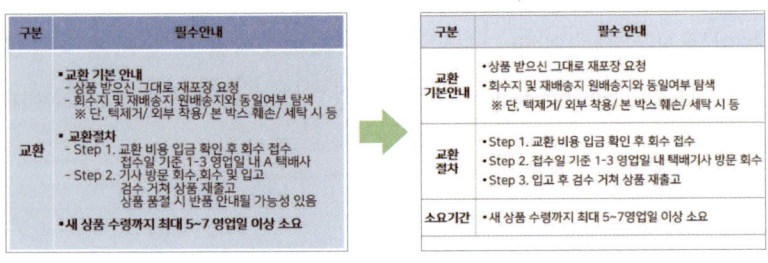

구분 없이 내용을 한곳에 합친 상태의 표 　　　내용을 항목으로 구분한 표

왼쪽 표는 파워포인트에서 제공하는 '기본 표'를 그대로 사용해서 음영이 모두 들어 있고 행간이 좁아 답답해 보입니다. 반면에 오른쪽 표는 머리글에만 음영을 사용하고 내용을 '교환 기본안내', '교환 절차', '소요기간'으로 구분해서 정렬함으로써 보고서를 읽는 사람이 내용을 빠르게 이해하고 분명하게 파악할 수 있게 했습니다. 또한 행간을 보기 좋게 조절해서 전달하려는 내용이 더 잘 보입니다.

조금 더 난이도가 있는 사례를 통해 보고서에서 표를 어떻게 활용했는지 살펴보겠습니다.

**국내 Top 디저트사 제휴에 따른 향후 일정**

| 제휴 내용 | 향후 주요 계획 |
|---|---|
| • 국내 Top 디저트 프랜차이즈와 합의서 체결예정 (1월 1주)<br>• 입점 예정 매장 수 : 1,500여 개(2월말 까지) | • 국내 Top 디저트 프랜차이즈 입점 완료 후 계열 브랜드 순차적 오픈<br>(☆☆빙수, △△도너츠, ㅁㅁ베이커리 등 4,000개 매장 이상) |

Timeline

| Activity | 1월 | 2월 | 3월 | 4월 | 5월 | 6월 |
|---|---|---|---|---|---|---|
| 합의서 체결 | ○→ | | | | | |
| 서울/ 경기 직영점 오픈 | | ○――→ | | | | |
| 지방 직영점 오픈 (500여 개) | | | ○――→ | | | |
| 전국 가맹점 오픈 (1,000여 개) | | | | ○――――→ | | |

시간이 경과함에 따라 진행되는 업무를 표현할 때 칸에 음영을 넣어 각각의 과업이 언제 마무리될지 표시하기도 합니다. 하지만 예시처럼 화살표를 활용하면 특정 기간의 초기, 중기, 말기 지점까지도 정확하게 나타낼 수 있어서 진행 상황과 흐름을 더욱 직관적으로 전달할 수 있습니다.

**똑똑한 팀원의 알짜배기 정리**

★ 짧은 시간 안에 내용을 정리해야 한다면 '표'를 활용하기

★ 표의 가독성을 높이는 4가지 포인트 기억해 두기

# 보고서에 날개를 달아 주는 도형 활용법

**오늘의 목표**

☑ 보고서 시각화에 도움을 주는 도형 활용법 익히기

내용은 모두 정리했는데 보고서에 어떻게 담아야 할지 고민한 경험이 있을 것입니다. 시각화할 때 표도 유용하지만 내용에 따라 도형을 함께 사용하면 더 효과적으로 전달할 수 있습니다. 특히 도형은 복잡한 구조나 흐름을 직관적으로 보여 줄 때 큰 도움이 됩니다. 이번에는 보고서 시각화에 날개를 달아 줄 도형 활용법을 알아보겠습니다.

## 보고서 시각화의 핵심 도구 — 사각형, 선, 화살표

보고서에서 내용을 시각화할 때 도형을 잘 활용하지 못하는 이유는 머릿속에 떠오르는 선택지가 너무 많아 무엇을 써야 할지 판단하기 어렵기 때문입니다. 하지만 이제부터 보고서를 시각화할 때는 사각형, 선, 화살표만 기억하면 됩니다.

---

**보고서 시각화의 3가지 기본 도형**

❶ 사각형: 모든 시각화의 기본 도형
❷ 선: 연결과 연계성을 나타냄
❸ 화살표: 순서와 흐름, 원인-결과

---

❶ 보고서 시각화에서 가장 기본적인 도형은 사각형입니다. 사각형은 직선과 직각으로 이루어져 정확하고 깔끔한 인상을 주며, 도형 안에 글을 넣기도 쉬워 다양한 상황에서 활용하기 좋습니다. 보고서 레이아웃을 정리하거나 내용을 구분할 때 등 거의 모든 시각화에서 매우 유용합니다. 도형을 어떻게 활용할지 고민된다면, 먼저 사각형부터 떠올려 보세요.

단, 글을 정돈하지 않은 채 사각형 안에 그대로 넣는 것은 시각화라고 보기 어렵습니다. 단순히 사각형 안에 글을 넣었다고 해서 내용이 더 쉽게 이해되지는 않기 때문입니다. 사각형을 활용할 때에는 '이 문제는 해결해야 합니다'와 같은 평서형 문장보다 '문제 해결 필요'와 같이 간결하게 줄이는 개조식 문장을 사용하는 것이 좋습니다.

다음 예시로 수정 전후를 비교해 보겠습니다. 같은 사각형을 사용했는데 문장을 개조식으로 간결하게 정리하고 글머리 기호로 구분한 수정 후 예시가 명확하고 깔끔해 보입니다.

> 수정 전

새로운 고객관리 시스템 도입으로 고객 이탈율은 기존 21%에서 16%까지 5% 예방 효과를 예상하며, 신규 고객 프로모션에도 유용하게 사용할 것으로 판단됩니다.

> 수정 후

- 새로운 고객관리 시스템 도입으로 고객 이탈률 5%p 감소(21% → 16%)
- 신규 고객 프로모션에도 용이할 것으로 판단됨

❷ 앞뒤 내용에 연계성이 있다면 선으로, ❸ 순서와 흐름이 있다면 화살표로 표현할 수 있습니다. 선은 별다른 설명이 없어도 '내용이 이렇게 연결되는구나' 하고 짐작할 수 있게 합니다. 화살표는 과거에서 현재로 이어지는 흐름, 과정의 순서, 인과 관계 등을 표현할 때 활용합니다.

예시를 통해 보고서를 시각화할 때 선과 화살표를 어떻게 이용했는지 살펴보겠습니다.

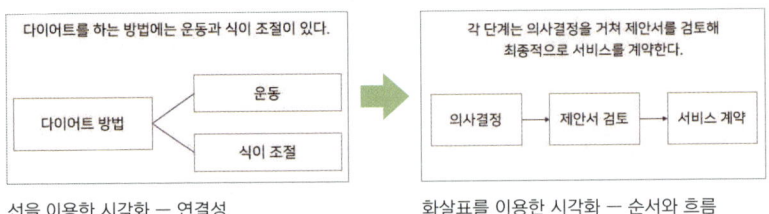

선을 이용한 시각화 — 연결성   화살표를 이용한 시각화 — 순서와 흐름

연결성을 보여주는 선으로 시각화한 예를 보면, 다이어트를 하는 방법에는 운동과 식이 조절이라는 2가지 방법이 있습니다. 이 둘은 다이어트와 연관되어 있으므로 굳이 글로 설명하지 않고 선으로 연결만 해도 '다이어트를 하는 방법에는 운동과 식이 조절이 있다'는 메시지를 자연스럽게 전달할 수 있습니다.

순서와 흐름을 나타내는 화살표로 시각화한 예를 보면, 의사결정에서 시작해 제안서를 검토한 후 서비스 계약을 맺는 선후 관계를 나타내야 합니다. 이럴 때 화살표를 사용하면 길게 설명하지 않아도 내용을 쉽게 전달할 수 있습니다.

또한 보고서에서 표현을 자유롭게 하려면 다양한 글을 보면서 어떤 연계성이 있는지 또는 어떤 인과 관계로 이루어졌는지 파악하는 것이 중요합니다.

다음 [예시 문장]에서 키워드 간의 연계성을 확인한 후, 사각형·선·화살표를 활용하여 시각적으로 구체화하는 방법을 알아보겠습니다.

> **예시 문장** 운동과 식이 조절을 통한 건강한 다이어트는 체중 조절은 물론, 몸속 체지방의 감소와 함께 근육의 증가를 가져와 건강한 몸의 구조를 만들 수 있도록 돕는다.

이 글을 살펴보면, ❶ 운동과 식이 조절로 건강한 다이어트를 했을 때 ❷ 체중 조절, 몸속 체지방 감소, 근육 증가를 가져와 결국 ❸ 건강한 몸의 구조를 만든다고 설명합니다. 글의 흐름이 어떻게 연결되는지 알았으므로 이제 도형을 활용하여 시각화해 봅시다.

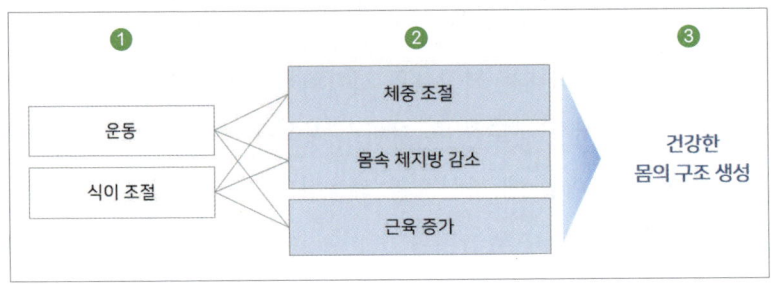

먼저 건강한 다이어트 방법인 ❶ '운동'과 '식이 조절', 그 결과인 ❷ '체중 조절', '몸속 체지방 감소', '근육 증가'를 각각 사각형 안에 넣어 표현했습니다. 그다음으로 건강한 다이어트 방법인 ❶은 ❷의 선행 조건이므로 사각형 안의 음영을 다르게 적용해서 구분했습니다. 또한 운동과 식이 조절이 ❷ 체중 조절은 물론 체지방 감소와 근육 증가를 가져오므로 선을 추가하여 연결성을 표현했습니다. ❷ 활동은 결과물인 ❸ '건강한 몸의 구조 생성'으로 이어지므로 화살표로 흐름을 나타냈습니다.

이제 실제 보고서 사례로 살펴보겠습니다.

> **상황** 기존 실에 속한 다양한 직군들이 모인 소규모 팀 '스쿼드'가 속한 본부에서 책임을 갖고 일할 수 있도록 '단독 본부'를 만들어야 한다는 내용을 설명한 보고서 페이지

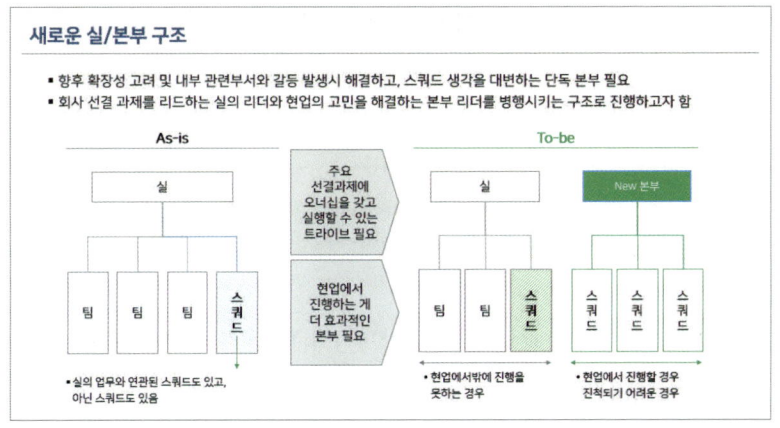

문서의 흐름은 왼쪽(As-is)에서 오른쪽(To-be) 방향으로 구성하였고, 기본 도형인 사각형, 선, 화살표를 활용해 변화 내용을 설명했습니다.

특히 여기서는 '앞으로 어떻게 변화할 것인지'를 강조해야 하므로, 변화하는 내용의 사각형에만 초록색 음영과 테두리를 적용해서 눈에 잘 띄도록 표현했습니다.

여기서 주목할 점은 화살표를 단순히 흐름을 표현하는 데만 사용하지 않고 그 안에 글을 넣어 '왜 이런 변화가 필요한지'를 설명하는 데도 활용했다는 점입니다. 사각형 안의 내용처럼 화살표도 변화의 방향성과 함께 핵심 메시지를 전달하는 역할을 할 수 있습니다.

### 도형을 과하게 사용하지 마세요

도형을 활용할 때 주의해야 할 점도 있습니다. 강조할 부분이 많다고 해서 도형을 과하게 사용하면 오히려 복잡해 보이고 핵심이 흐려지기 때문입니다. 기본 도형만으로도 충분히 전달할 수 있습니다. 또한 다양한 색상과 크기 변화는 강조가 필요한 부분에만 사용하는 것이 좋습니다. 화려한 장식이 아니라, 보고서를 읽는 사람이 내용을 쉽고 빠르게 이해할 수 있도록 돕는 것이 중요하기 때문입니다.

**똑똑한 팀원의 알짜배기 정리**

★ 보고서 시각화에서 기본 도형은 사각형, 선, 화살표라는 것 이해하기

★ 내용과 내용 사이에 연결성이 있다면 선 사용하기

★ 내용과 내용 사이에 선후 또는 인과관계가 있다면 화살표 사용하기

## 성과를 돋보이게 하는 그래프 활용법

**오늘의 목표**
☑ 그래프의 종류와 사용법 이해하기

그래프 그리는 것을 어려워하는 이유를 들어 보면 상황에 맞게 나타내기 위해 어떤 그래프를 골라야 할지 모르겠다는 이야기를 많이 합니다. 하지만 그래프마다 특징이 있으므로 공식처럼 암기해서 사용할 수 있습니다. 데이터의 성격에 따라 어떤 그래프로 나타냈을 때 직관적으로 이해할 수 있는지를 판단하는 것이 핵심입니다. 지금부터 그래프의 구성 요소와 막대그래프, 선그래프, 혼합 그래프의 특징을 각각 알아보겠습니다.

### 그래프를 구성하는 필수 요소

그래프에서 X축, Y축, 범례 등은 그래프를 구성하는 필수 요소입니다. 그래프를 구성하는 필수 요소를 알면 그래프를 더 잘 이해할 수 있습니다.

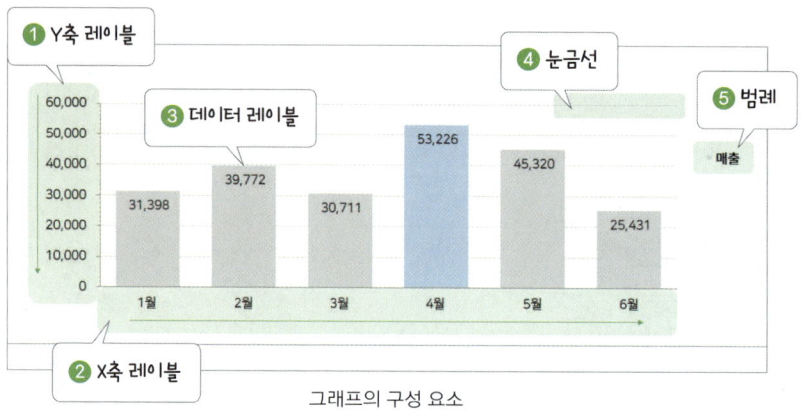

그래프의 구성 요소

❶ Y축은 그래프의 세로축으로 데이터의 수치, 크기, 비율 등을 나타내는 데 사용합니다. 앞의 그래프에서 10,000~60,000의 값을 Y축 레이블이라고 합니다.

❷ X축은 그래프의 가로축으로 시간의 흐름, 항목의 이름을 나열할 때 사용합니다. 앞의 그래프에서 1월~6월의 값을 X축 레이블이라고 합니다.

❸ 데이터 레이블은 각 데이터에 직접 표시하는 값으로, 데이터의 정확한 수치를 알려 줍니다.

❹ 눈금선은 그래프 내에 수평과 수직의 선으로 표시하며, 데이터의 값을 읽기 쉽게 돕습니다.

❺ 범례는 그래프에서 색이나 도형이 각각 무엇을 나타내는지 설명합니다.

## 막대그래프는 3가지 그래프가 있어요

막대그래프 중에서 가장 많이 사용하는 세로 막대그래프부터 살펴보겠습니다.

> **세로 막대그래프**
> - 시간의 흐름에 따른 값의 변화
> - 같은 기간 동안 특정 항목 간의 값 비교

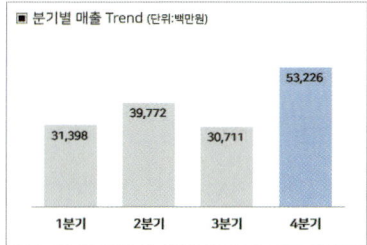

시간의 흐름에 따른 값의 변화를 나타낸 세로 막대그래프

특정 항목 간의 값을 비교한 세로 막대그래프

왼쪽은 분기별 매출액의 변화를 보여 주는 세로 막대그래프입니다. 이 경우 가로축은 시간의 흐름을, 세로축은 데이터의 값을 나타냅니다. 반면 오른쪽은 같은 기간 동안 지역별 영업 실적의 변화를 비교한 세로 막대그래프입니다. 이 경우 가로축은 비교하고자 하는 지역을, 세로축은 비교할 대상의 값을 나타냅니다. 이처럼 막대그래프는

시간에 따라 변하는 값이나 같은 기간 동안의 여러 대상의 수치를 비교할 때 사용하면 좋습니다.

다음으로 가로 막대그래프를 사용하는 방법도 알아보겠습니다.

> **가로 막대그래프**
> - X축의 레이블 설명이 길 때

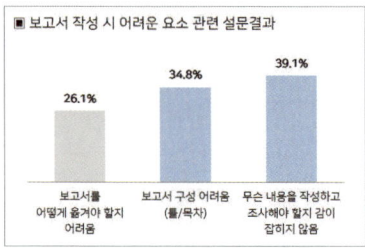

세로 막대그래프                                      가로 막대그래프

같은 데이터값을 가로 막대그래프와 세로 막대그래프로 나타내서 비교해 보겠습니다. 왼쪽의 세로 막대그래프처럼 가로축 레이블의 설명이 너무 길면 가독성이 좋지 않습니다. 이때 사용하는 것이 오른쪽의 가로 막대그래프입니다. 가로 막대그래프는 X축의 레이블 값이 길 때 가독성을 높이기 위해 사용합니다.

마지막으로 누적 막대그래프를 살펴봅시다. 누적 막대그래프는 나타내야 할 항목이 여러 개일 때 이를 한눈에 보여주어 전체 데이터를 빠르게 파악할 수 있도록 돕습니다. 값의 변화를 보여 주는 누적 막대그래프와 100% 기준으로 비교할 대상의 비중을 시간의 흐름에 따라 보여 주는 100% 누적 막대그래프가 있습니다.

### 누적 막대그래프

- 누적 막대그래프: 시간의 흐름에 따라 전체를 구성하는 값의 변화를 보여 줄 때
- 100% 기준 누적 막대그래프: 전체를 100%로 놓고, 비교할 대상의 비중을 시간의 흐름에 따라 보여 줄 때

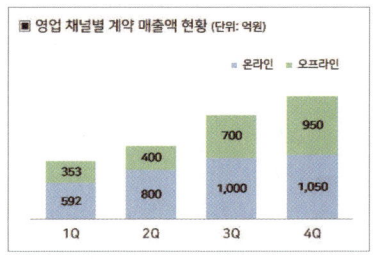

누적 막대그래프

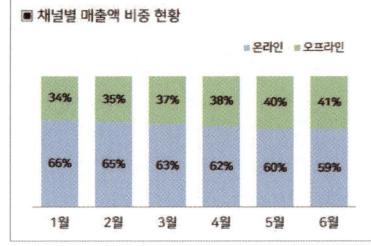

100% 기준 누적 막대그래프

왼쪽의 누적 막대그래프는 온라인과 오프라인 채널별 매출을 시간의 흐름에 따라 보여 줍니다. 이처럼 누적 막대그래프는 제품, 브랜드, 채널 등 다양한 항목으로 전체를 어떻게 구성하는지 보여 줄 때 유용합니다.

오른쪽의 100% 기준 누적 막대그래프는 전체를 100%로 놓고 항목별 비중을 보여 줍니다. 예시는 월별 총 매출을 기준으로 온라인과 오프라인 채널의 매출 비중을 나타낸 것으로 채널별, 제품별 매출액 등 항목별 구성 비율을 비교할 때 효과적입니다.

## 값의 변화를 강조할 때는 선그래프를 사용하세요

다음으로 선그래프는 데이터의 값을 곡선 또는 직선으로 연결하므로 데이터의 흐름을 좀 더 직관적으로 나타냅니다.

> **선그래프**
> - 시간의 흐름에 따른 값의 변화를 강조하고 싶을 때
> - 연속된 흐름으로 값의 변화를 보여줄 때

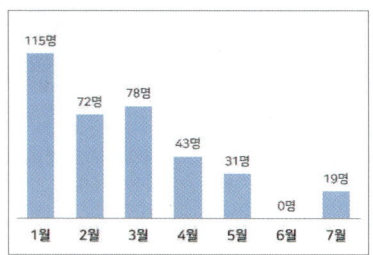
세로 막대그래프

선그래프

위의 두 그래프는 같은 데이터를 세로 막대그래프와 선그래프로 표현한 것입니다. 시간의 흐름에 따른 값의 변화를 보여 줄 때 막대그래프와 선그래프를 모두 사용할 수 있습니다. 하지만 선그래프로 표현했을 때 값의 변동폭을 조금 더 극적으로 보여 줄 수 있고, 연속되는 흐름을 보여 주기에도 효과적입니다. 그래서 뉴스나 신문에서 이자율, 고용률, 지지율, 물가 상승률처럼 등락의 변화를 직관적으로 보여 줘야 하는 지표는 선그래프로 표현합니다.

## 혼합 그래프는 값의 편차가 크거나 단위가 다를 때 써요

막대와 선을 함께 사용하는 혼합 그래프는 회사에서 가장 많이 활용하는 그래프 유형입니다. 혼합 그래프는 두 개의 데이터를 한 그래프에 표현해야 할 때 사용하며, 특히 값의 편차가 크거나 사용하는 단위가 다른 경우에 사용합니다.

---

**혼합 그래프(항목이 2개 이상일 때)**

☐ 항목 간 값의 편차가 클 때(예: 매출액-영업이익 등)
- 막대그래프: 큰 값
- 선그래프: 작은 값

☐ 항목에 사용하는 단위가 다를 때
- 막대그래프: 퍼센트(%) 단위를 사용하지 않는 값
- 선그래프: 퍼센트(%) 단위를 사용하는 값

---

혼합 그래프를 작성할 때는 큰 값을 막대그래프로, 작은 값을 선그래프로 작성해야 합니다. 예시를 통해 살펴보겠습니다.

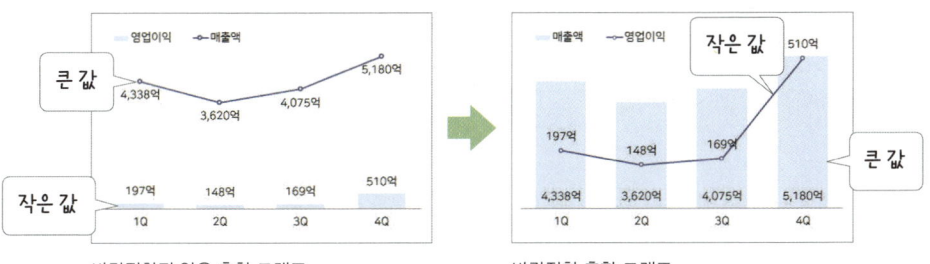

바람직하지 않은 혼합 그래프     바람직한 혼합 그래프

이번에도 같은 데이터로 막대와 선을 사용한 혼합 그래프를 활용해서 나타냈습니다. 왼쪽 혼합 그래프에서는 큰 값을 선그래프로, 작은 값을 막대그래프로 표현했는데 두 항목이 멀리 떨어져 있어서 한눈에 파악하기 어렵습니다. 오른쪽 혼합 그래프에서는 큰 값을 막대그래프로, 작은 값을 선그래프로 나타내서 데이터를 빠르게 집중해서 파악할 수 있도록 했습니다.

혼합 그래프는 표현해야 할 항목의 단위가 다를 때도 사용합니다. 예를 들어 건수(숫자)와 증감률(%)처럼 단위가 다른 두 항목을 비교할 때는 혼합 그래프를 사용합니다.

### 똑똑한 팀원의 알짜배기 정리

★ 시간 흐름에 따른 값의 변화를 나타내거나, 동일 기간 내 항목 간 비교할 때는 막대그래프 활용하기

★ 시간 흐름에 따른 값의 변동폭을 강조할 때는 선그래프 활용하기

★ 표현할 항목이 2개 이상이고, 값의 편차가 크거나 단위가 다를 때는 혼합 그래프 활용하기

# 실전!
# 보고서 시각화 따라 하기

**오늘의 목표**

☑ 사각형, 선, 화살표를 활용해 보고서 시각화하기

이제 앞에서 배운 사각형, 선, 화살표를 실제 사례에 어떻게 적용하는지 살펴보겠습니다. 기본 도형만으로도 보고서의 복잡한 내용을 간단하면서도 쉽고 명확하게 표현할 수 있습니다. 그럼 다음 예제를 함께 시각화해 보겠습니다.

> **예제**
>
> 고객 경험 TF 조직의 사회공헌활동이 모호해져서 조직문화팀의 사내 방송 업무와
> 브랜드전략팀의 SNS채널 운영 업무를 이관하고, 통합 브랜드 활동을 추가하여
> 3월 BX팀 신규 생성
>
> ※ 각 팀의 주요 업무
> - 조직문화팀: 조직문화 개선 활동, 사내 Studio, 리더십 프로그램, 사내 커뮤니케이션
> - 브랜드전략팀: 브랜드 전략, 사업부 브랜딩, SNS채널 운영, 디자인 개발 지원

## 보고서 내용은 3단계로 정리해 보세요

글을 시각화할 때는 3단계로 생각하는 것이 좋습니다. ❶ 먼저 표현하고자 하는 글의 흐름을 파악하고, 그다음 ❷ 가장 중요한 부분이 어디인지 생각하고, 마지막으로 ❸ 내용과 흐름에 맞게 레이아웃을 그려 봅니다. 이 3단계를 유념하며 예제의 내용을 시각화해 봅시다.

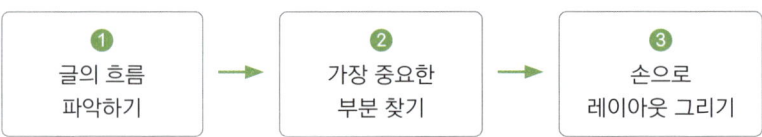

❶ 가장 먼저 글의 흐름을 생각해 봅시다. 예제에서 글의 흐름을 생각합니다. 이 글에서는 조직문화팀과 브랜드전략팀이 있고, 3월에 두 팀에서 업무를 하나씩 이관받고 새로운 업무를 추가해서 BX팀이 신규로 개설되는 것을 알 수 있습니다. 고객 경험 TF 조직의 사회공헌활동이 모호해짐에 따라 BX팀을 신규로 개설하였고, 조직문화팀에

서는 사내 Studio 업무를, 브랜드전략팀에서는 SNS채널 운영 업무를 이관하고 새로운 업무로 통합 BX활동을 추가한다는 내용입니다.

❷ **글의 내용을 어느 정도 파악했다면 가장 중요한 부분이 어디인지 생각합니다.** 세 팀 가운데 두 팀(조직문화팀, 브랜드전략팀)은 기존에 있었고, BX팀은 새로 생기는 팀입니다. 즉, 중요한 부분은 새로 생기는 BX팀이 될 것이므로 시각적으로 표현할 때도 BX팀을 강조해서 보여 주어야 합니다.

❸ **내용과 흐름에 맞게 손으로 레이아웃을 그려 봅니다.** 펜을 잡고 종이에 직접 레이아웃을 그리다 보면 생각의 확장성이 높아져 더 다양한 아이디어를 떠올릴 수 있습니다. 글에서는 BX팀이 조직문화팀과 브랜드전략팀의 업무를 각각 하나씩 이관받는다고 했으므로 맨 위에 세 팀을 가로로 배치하고 업무명을 써넣을 사각형을 그립니다. 이어서 각 팀의 업무를 위에서 아래로 나열하고 BX팀이 이관받는 업무를 배치한 후, 화살표를 이용해서 새로운 구조를 만드는 방식으로 구상할 수 있습니다. 전체 모습을 레이아웃으로 시각화하면 다음과 같습니다.

레이아웃으로 시각화한 새로운 구조도

### 이제 보고서를 만들어 봅시다

앞에서 내용을 대략 생각했다면 이제는 보고서로 옮기는 작업을 해야 합니다. 이번에도 3단계로 나누어 살펴보겠습니다.

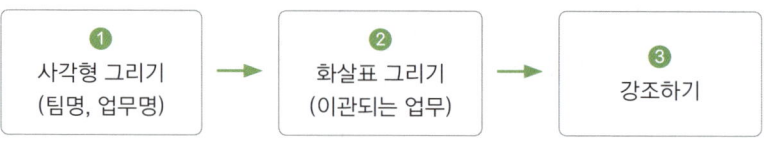

❶ **1단계**: 팀명과 업무명은 사각형으로 표현합니다. 신규 팀인 BX팀을 포함해 팀은 3개입니다. 여기서는 보고서 시각화의 가장 기본 도형인 사각형을 활용해 팀명과 팀의 업무를 작성하고 잘 구분되도록 팀명에만 음영을 넣어 줍니다.

❷ **2단계**: 이관되는 업무는 화살표로 표현합니다. 화살표는 흐름, 선후 관계, 이동 등을 표현할 때 유용합니다. 여기에서도 화살표를 활용해 이관되는 업무를 나타냅니다. 조직문화팀에서는 '사내 Studio 업무'가, 브랜드전략팀에서는 'SNS채널 운영' 업무가 BX팀으로 이관된다는 것을 한눈에 확인할 수 있습니다.

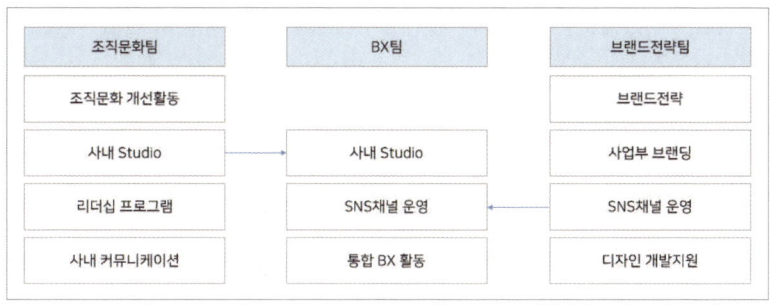

❸ **3단계: 마지막으로 강조할 부분과 디테일한 부분을 표현합니다.** 어떤 부분에서 강조와 디테일을 더했는지 완성본을 보며 설명해 보겠습니다.

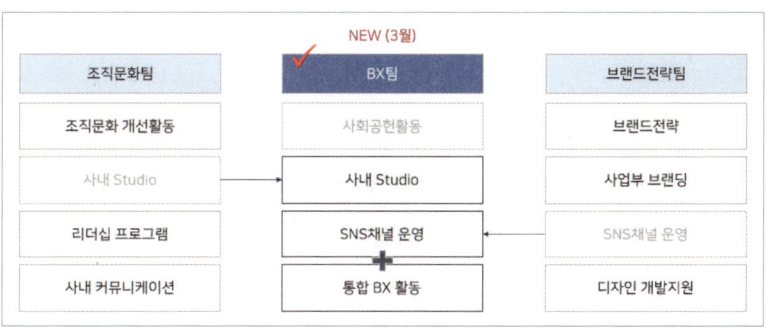

강조하는 방법부터 살펴봅시다. 다른 팀으로 이관해서 사라지는 업무는 사각형의 윤곽선을 점선으로, 글자는 회색으로 표현했습니다. 조직문화팀에서 BX팀으로 이동하는 '사내 Studio' 업무, 브랜드전략팀에서 BX팀으로 이동하는 'SNS채널 운영' 업무는 원래 있던 팀에서 업무가 사라진다는 것을 표현하기 위해 사각형 테두리를 점선으로, 글자는 회색으로 바꿉니다. 이처럼 도형 윤곽선의 점선(대시)

표현은 이동, 없어짐, 미래 예측 등 앞으로의 변화를 표현할 때 많이 사용합니다.

**다음으로 추가되는 역할은 +를 사용했습니다.** 그리고 이번 보고서에서는 3월에 BX팀이 새롭게 개설된다는 내용이 중요하므로 해당하는 사각형의 음영을 다른 팀과 구별되도록 진하게 표시해서 집중할 수 있도록 했습니다. 또한 각 팀에서 이관받는 사내 Studio 업무, SNS채널 운영 업무 외에 BX팀에 '통합 BX 활동'이 새롭게 추가되는 것을 표현하기 위해 +를 삽입했습니다. 이처럼 +는 새롭게 포함되는 요소이거나 모두 수행해야 하는 과제를 시각적으로 표현할 때 효과적입니다.

---

**똑똑한 팀원의 알짜배기 정리**

★ 글을 시각화하는 첫 단계는 내용을 이해하는 것

★ 글은 사각형 안에, 연결성이 있다면 선으로, 전후 관계가 있다면 화살표로 표현하기

★ 마지막으로 중요한 부분 강조하기

### 일머리스쿨의 비밀 자료 03
## 바쁜 업무에 생성형 AI 활용하기

인간의 지능을 기계로 구현한 인공지능(Artificial Intelligence, AI)은 이제 우리 생활 속에 깊이 자리 잡아 가고 있습니다. 특히 생성형 AI는 단순히 기존 데이터를 분석하는 데서 그치지 않고 새로운 콘텐츠를 만들어 낼 수 있어서 업무 현장에서도 활용도가 빠르게 높아지고 있습니다. 이번에는 업무에 활용하면 좋은 생성형 AI 4개를 소개합니다. 먼저 글쓰기, 보고서 작성, 자료 정리 등 전반적인 업무를 지원하는 챗GPT를 시작으로, 프레젠테이션을 자동으로 만들어 주는 감마(Gamma), 다국어 번역이 강점인 딥엘(DeepL), 그리고 이미지 제작과 디자인에 특화된 어도비 파이어플라이(Adobe Firefly)까지 순서대로 살펴보겠습니다.

**1. 다양한 업무를 포괄적으로 지원받으려면? ― 챗GPT**

챗GPT(ChatGPT)는 단순히 글을 작성하는 기능을 넘어, 업무 전반에서 활용할 수 있는 범용 생성형 AI입니다. 보고서 초안을 작성하거나 회의 자료를 요약하는 데 그치지 않고, 무료 이미지 자료를 추천받거나 프레젠테이션(PPT)의 구조를 잡는 등 다양한 방식으로 활용할 수 있습니다.

특히 자료나 정보를 비교·분석할 때 챗GPT는 강점을 발휘합니다. 예를 들어 A사와 B사의 마케팅 전략을 비교해 달라고 하면 주요 차이점과 장단점을 정리해 주어 빠르게 인사이트를 얻을 수 있습니다. 또한 긴 문서를 짧게 요약하거나 복잡한 데이터를 이해하기 쉽게 풀어주어 업무의 효율성을 높여 줍니다.

무엇보다도 챗GPT는 요청 방식에 따라 결과물이 달라집니다. "3가지로 요약해 줘", "표로 정리해 줘", "조금 더 설득력 있게 바꿔 줘"처럼 구체적으로 요청하면 그에 맞는 형식으로 가공한 결과를 얻을 수 있습니다. 챗GPT는 업무의 초안 작성부터 자료 조사, 정리, 시각화 아이디어 제공까지 전반적인 과정에 걸쳐 도움받을 수 있는, 말 그대로 올인원(all-in-one) 도구라 할 수 있습니다.

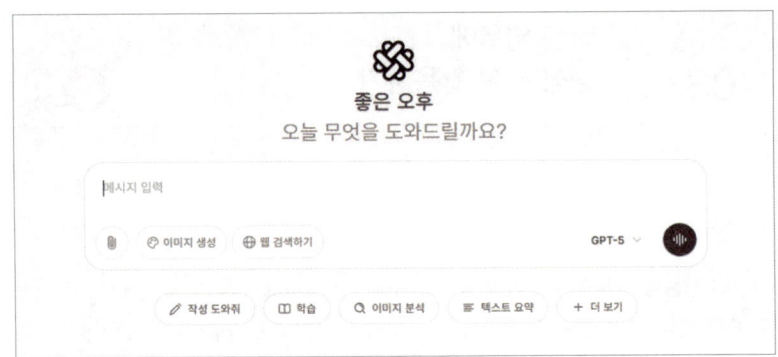

챗GPT(chatgpt.com/ko-KR)

## 2. PPT 제작에 도움을 받고 싶다면? — 감마

감마(Gamma)는 PPT 제작에 특화된 생성형 AI입니다. 주제를 입력하면 그에 맞는 내용으로 PPT를 구성해 주기도 하고, 내용을 붙여 넣으면 그대로 PPT를 제작해 줍니다. 또한 작성한 문서를 업로드하면 디자인을 보완해 주는 기능 또한 갖추어서 PPT 제작 시간을 단축할 수 있습니다.

감마(gamma.app/ko)

## 3. 외국어로 번역해야 한다면? — 딥엘

딥엘(DeepL)은 언어를 번역해 주는 생성형 AI입니다. 영어, 중국어, 스페인어, 프랑스어, 일본어, 독일어 등 33개국의 언어를 번역할 수 있습니다. 텍스트뿐만 아니라 PDF, 워드, PPT 파일을 업로드해도 바로 번역할 수 있어서 하나하나 복사해서 붙여 넣기를 하지 않아도 됩니다. 딥엘 라이트(DeepL Write)를 활용하면 맞춤법, 문법 등 자연스러운 글쓰기를 할 때에도 도움받을 수 있습니다.

딥엘(www.deepl.com/ko/translator)

## 4. 보고서, 회의 자료에 쓸 이미지를 생성하려면? — 어도비 파이어플라이

어도비 파이어플라이(Adobe Firefly)는 텍스트를 입력하면 그에 맞는 이미지를 생성하고, 물체를 제거하거나 색을 바꾸는 등의 작업을 할 수 있는 생성형 AI입니다. 그뿐만 아니라 브로슈어, 포스터, 카드, 소셜 게시물, 인포그래픽, 명함 등을 손쉽게 편집할 수 있도록 다양한 템플릿을 제공해 이미지와 관련된 업무에서 활용도가 높습니다.

어도비 파이어플라이(firefly.adobe.com)

## 일머리스쿨의 비밀 자료 04 | 보고서를 채울 무료 이미지 웹 사이트 6개

문서를 작성하다 보면 상황에 따라 이미지가 필요하기도 하죠. 또, 글만으로 설명하기가 부족할 때 아이콘이나 픽토그램 등을 추가하면 가독성도 높아지고 조금 더 정성을 들인 문서로 보입니다. 업무에서 활용할 수 있는 다양한 이미지, 픽토그램을 무료로 제공하는 웹 사이트 6개를 알려 드리겠습니다.

### 1. 픽사베이

픽사베이(Pixabay)에서는 동영상, 사진, 일러스트를 해상도에 맞게 여러 사이즈로 내려받을 수 있습니다.

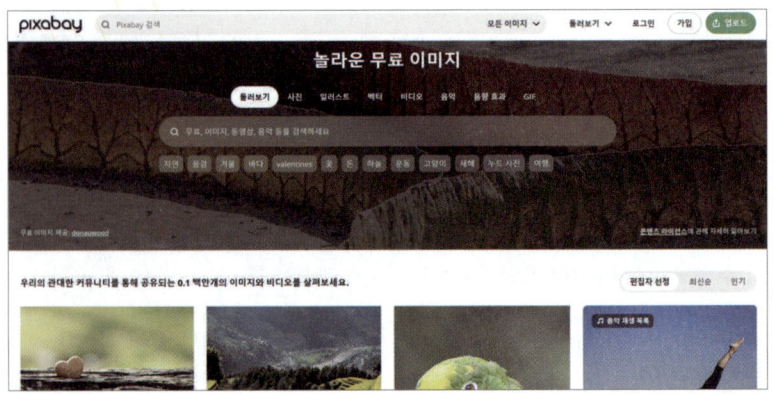

픽사베이(pixabay.com/ko)

## 2. 언스플래시

언스플래시(Unsplash)는 모아 보기 기능으로 유사한 이미지를 모아서 볼 수 있으며, 퀄리티가 높은 예술 사진이 많습니다.

언스플래시(unsplash.com/ko)

## 3. 픽점보

픽점보(Picjumbo)는 색채감이 뛰어난 감각적인 사진 파일을 제공합니다. PPT 표지, 간지 등을 만들기에 좋은 이미지가 많습니다.

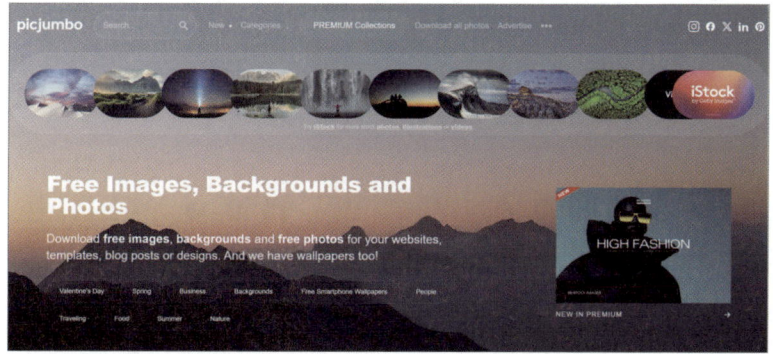

픽점보(picjumbo.com)

## 4. 페이퍼스코

페이퍼스코(Papers.co)는 같은 이미지를 아이폰, 안드로이드, 데스크톱 등에 사용할 수 있도록 다양한 사이즈로 보여 줍니다.

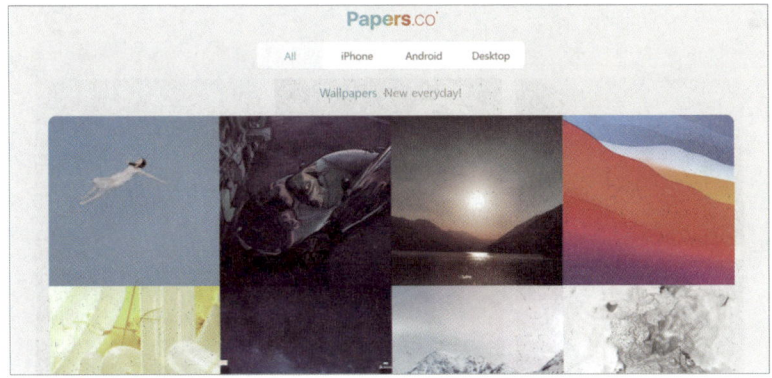

페이퍼스코(papers.co)

## 5. 플래티콘(Flaticon)

아이콘을 PNG, SVG, EPS, PSD 등 다양한 파일 형식으로 1,495만 개 이상 제공하며, 여러 디자인을 선택할 수 있습니다. 일부 아이콘은 화질에 따라 유료로 제공하지만, 보고서를 사용할 때 아이콘이 필요하다면 가장 손쉽게 다양한 파일 형식으로 내려받을 수 있는 웹 사이트입니다.

플래티콘(www.flaticon.com/kr)

## 6. 프리픽

프리픽(Freepik)은 이미지, 아이콘, 동영상 등을 모두 제공합니다. 일부 요소는 유료이지만 다양한 파일 형식으로 아이콘을 내려받을 수 있습니다. 사진과 AI 이미지 등을 높은 화소로 제공해서 디자인할 때 매우 유용합니다.

프리픽(kr.freepik.com)

## 05

# 성장을 위한
# 커리어 설계와 준비하기

**05**
어디서나 탐내는 인재로
거듭나고 싶어요!

**02 & 03**
일잘러가 되고 싶어요!

**04**
보고서 작성의
달인이 될래요!

**01**
예쁨받고 싶어요!

> 여기까지 왔다면 업무에 조금 익숙해졌을 것입니다. 그동안 팀 안에서 자리 잡느라 고생 많았습니다. 앞으로 내 커리어를 어떻게 관리하고 다음 기회를 준비하려면 무엇이 필요한지 고민이 생길 것입니다. 경력 관리, 경력 기술서 작성, 이직 면접 전략까지 더 성장하고 인정받는 경력자가 되는 방법을 함께 알아보겠습니다.

40 • 경력을 탄탄하게 쌓으려면 어떻게 해야 하나요?
41 • 경력 기술서, 이직할 때만 필요한가요?
42 • 면접을 잘 보는 비결이 있나요?
　`에필로그` 한 발짝 더 성장한, 그리고 앞으로 더 성장할 여러분께

# 경력을 탄탄하게 쌓으려면 어떻게 해야 하나요?

**오늘의 목표**
☑ 회사 업무를 내 커리어로 성장시키는 첫 단계 알아보기

입사하기 전에는 큰 프로젝트를 바로 맡고, 업무도 잘 처리할 수 있을 거라는 기대감이 컸습니다. 그런데 막상 입사해서 맡은 업무는 생각보다 작아 실망스러웠습니다. 기대에 못 미치는 일만 하다 보니 '지금 하는 일이 과연 내 커리어에 도움이 될까?' 하는 의문이 들기도 했습니다. 업무를 어떻게 바라보아야 건강한 회사생활을 할 수 있는지, 또 장기적으로 내 커리어를 어떻게 쌓아야 하는지 이야기해 보겠습니다.

## 회사에서 보내는 모든 순간이 커리어가 됩니다

TV와 책에서 유명인들이 인생을 회고할 때 "그때는 정말 힘들었지만, 생각해 보니 그 과정이 있었기에 지금의 단단한 내가 될 수 있었다"라고 말하는 것을 종종 봅니다.

회사생활도 마찬가지입니다. 입사해서 처음에 장소를 예약하는 소소한 일을 맡았을 때 왜 해야 하는지 몰라 불만스러웠지만, 돌이켜 보니 그 일을 하면서 참석할 사람의 일정을 사전에 모두 체크하고 장소를 선정하는 등 상황에 맞게 판단하는 방법을 익힐 수 있었습니다.

또한 업무를 취합하는 일을 하면서 문서의 통일성을 맞추는 방법, 다른 사람과 의견을 조율하는 방법, 숫자를 처음부터 끝까지 정확하게 맞추는 방법을 배울 수 있었습니다. 지나고 보니 그때가 아니면 배울 수 없었던 일이기도 했고요.

즉, 모든 업무에는 **그 연차에만 배우고 물어볼 수 있는 게 있다는 것입니다. 지금 작은 일이라 할지라도 결국 자신의 커리어로 차곡차곡 쌓일 테니 너무 조바심 내지 않기를** 바랍니다. 기회는 스스로 만들어 가는 것이니까요.

회사생활을 시작한 지 얼마 되지 않았을 때는 배움의 시간이기도 하지만, 결국 회사의 한 구성원으로 인정받고 기회를 잡는 시기라고 생각합니다. 연차가 얼마 되지 않았을 때의 작은 기회가 나중에 큰 기회로 이어질 수도 있으므로 평소 역량을 키우고 스스로 성장할 준비를 해야 합니다.

평소 주어진 업무만 수행하며 배우려고 하지 않거나, 상급자가 업무를 더 효율적으로 해내는 모습을 보면서도 '나중에 배워야지'라고 쉽게 흘려버리고 직접 연습해 보지 않는다면 기회가 찾아왔을 때 잘 활용할 수 없을 것입니다. "기회는 준비된 사람만이 얻을 수 있다"는 말이 있듯이, 언제든 기회가 왔을 때 잡을 준비를 미리 해놓아야 자기 것으로 만들 수 있습니다.

### 대단한 커리어를 동경하기보다 업무의 전문성을 키워 보세요

'대단한 커리어'라 하면 일반적으로 사람들이 동경하는 초일류 기업에서 근무하고, 대기업에서 초고속으로 승진하는 모습을 떠올리기 쉽습니다. 하지만 회사에서는 그런 대단한 커리어를 갖춘 사람만을 채용하는 것은 아닙니다. 인사 담당자는 지원자가 연차에 맞는 업무의 전문성을 갖추었는지, 혹은 업무의 전문성이 있다 하더라도 그것을 바탕으로 다양한 업무로 확장할 수 있는지 등을 가장 중요한 요소로 봅니다. 아무리 좋은 회사의 경력이 있더라도 직무 연관성이 없거나, 너무 작은 범위의 업무만 해서 연차에 비해 할 수 있는 일이 그다지 많지 않은 지원자는 능력 있는 사람으로 보이지 않기 때문입니다.

경력 관리의 첫 번째 단계는 자신이 어떤 업무를 잘하는지 알고, 그에 따른 목표를 설정해서 꾸준히 성장하는 것입니다. 예를 들어 기획 분야에서 일하는데 기초 재무를 꾸준히 공부하고 업무에 적용해 왔다면 업무의 전문성을 키우면서 업무 범위를 잘 확장해 나갔다고 볼 수 있습니다.

즉, 자신이 가고 싶은 길을 고민해 보고, 그 목표에 맞는 경로를 찾고, 그 길을 가기 위해 꾸준히 노력해서 자신을 발전시키고 다양한 경험을 한다면 곧 꿈꾸던 커리어를 쌓을 수 있습니다. 이러한 과정을 거치면 결국 어디에서나 인정받고 선택받는 커리어를 만들 수 있을 것입니다.

### 주변 선배들에게 조언을 구해 보세요

기획 파트에서 오랫동안 일하며 '회계를 깊이 공부해 두었다면 좋았을 텐데'라고 뒤늦은 후회를 많이 했습니다. 연차가 쌓이고 직책이 생겨 회계를 급하게 배우려고 하니 시간도 부족하고 마음이 급해 더욱 어렵게만 느껴졌습니다. 만약 누군가 신입사원 시절의 저에게 '기획 파트에서 인정받으며 일하려면 회계를 잘 알아야 한다'는 이야기를 해줬다면 이렇게 마음 졸이진 않았을 것입니다.

자신이 목표로 하는 분야의 선배들과 대화하면서 공통으로 이야기하는 것을 귀담아듣고, 그 부분을 공부해 보세요. 탄탄한 커리어로 성장하는 데 들어가는 시간을 빠르게 단축할 수 있습니다.

---

**똑똑한 팀원의 알짜배기 정리**

★ 연차에 맞는 일을 열심히 하다 보면 커리어는 저절로 쌓인다!

★ 주변 선배들에게 조언을 구하며 업무의 전문성 키우기

**41**

# 경력 기술서,
# 이직할 때만 필요한가요?

**오늘의 목표**
☑ 경력 기술서의 필수 요소를 이해하고, 지속적으로 관리하기

과거에는 한 직장에서 오랫동안 일하며 정년을 맞이하는 것을 옳은 방식으로 여겼습니다. 하지만 이제는 안정보다 개인의 성장을 중시하는 시대가 되었으며, 그 여파로 기업과 직원 모두 한 직장에서 오래 근무하는 것을 더 이상 당연하게 여기지 않습니다. 그렇기 때문에 자신의 가치를 증명해 줄 경력 기술서의 중요성이 커졌습니다. 지금 당장 이직 계획이 없더라도 커리어 관리를 위해 경력 기술서를 미리 작성해 두는 것이 좋습니다. 경력을 관리하고 기술서를 작성하는 방법을 알아보겠습니다.

## 경력 기술서는 모두에게 중요합니다

경력 기술서는 과거부터 현재까지 어떤 업무를 수행했는지, 보유한 직무 강점은 무엇인지, 또 어떤 성과를 냈는지 가늠할 수 있게 하는 문서입니다. 즉, 경력직 채용에서 경력 기술서는 면접의 당락을 판단하는 중요한 요소이죠. 많은 사람이 경력 기술서는 이직할 때만 필요하다고 생각하지만, 실제로는 신입사원 시절부터 꾸준히 업데이트하고 관리해야 합니다. 왜냐하면 경력 기술서는 단순한 이직용 문서가 아니라 자신의 성장 과정을 기록하고 평가에 대비할 수 있는 중요한 자료이기 때문입니다.

업무 성과를 매년 정리해 두면 2가지 좋은 점이 있습니다. 첫째로 회사에서는 해마다 일정한 시기에 평가를 하므로 업무 성과를 제시해야 하는 상황이 발생합니다. 자신이 진행한 업무를 업무 단위 혹은 기간별로 간결하게 정리하다 보면, 현재까지 내 성과의 수준은 어느 정도인지, 나의 강점은 무엇인지를 파악하고 점검해서 부족한 부분이 있다면 미리 계획을 세워 채울 수 있습니다.

둘째로 이직을 결심할 때도 조금 더 수월해집니다. 경력 기술서를 급하게 준비하다 보면 무엇을 어디서부터 어떻게 작성해야 할지 몰라 놓치는 부분이 생길 수 있습니다. 매년, 혹은 반기별로 경력 기술서를 업데이트하면 중요한 부분을 놓치지 않고 간결하게 정리할 수 있습니다.

## 경력 기술서의 5가지 구성 요소

그렇다면 경력 기술서에는 어떤 내용을 담아야 할까요? 앞에서 경력 기술서는 과거부터 현재까지 자신의 경력을 구체적으로 작성해서 직무 역량과 강점을 증명하는 문서라고 했습니다. 그러므로 자신이 어떤 업무를 수행해서 어떤 성과를 냈는지, 경력과 업무 강점을 중심으로 간결하게 작성하는 것이 중요합니다. 다음 5가지 요소를 빼놓지 않고 작성하면 됩니다.

> **경력 기술서의 5가지 구성 요소**
> ❶ 개인 정보(이름, 연락처, 이메일 등)
> ❷ 경력 요약(경력을 중심으로 한 자기소개)
> ❸ 경력 사항
> ❹ 기술 및 자격증/학력 사항
> ❺ 기타(수상, 특기 사항 등)

❶ 개인 정보: 자신의 이름, 연락처, 이메일 등을 정확하게 작성합니다.

❷ 경력 요약: 경력 사항을 일일이 보지 않아도 어떤 업무를 했고 어떤 사람인지 빠르게 이해할 수 있도록 자신의 경력을 중심으로 3~5줄로 요약해 자기소개를 합니다.

❸ 경력 사항: 최근 경력부터 역순으로 작성합니다. 또, 회사를 구분하지 않고 업무의 성과만 나열하는 것보다 근무했던 회사별 프로젝트 단위로 작성하는 것이 좋습니다. 회사별로 어떤 업무를 했고, 또 어떤 성과를 냈는지 작성합니다.

❹ 기술 및 자격증/학력 사항: 지원하는 분야와 연관된 주요 기술과 자격증을 작성합니다. 특별한 자격증이 없다면 MS-오피스 활용 능력, 어학 능력 등을 씨넣어도 됩니다. 학력도 함께 작성해 줍니다.

❺ 기타(수상, 특기 사항 등): 지원하는 분야와 관련해 도움이 될 만한 수상 내역이나 특기 사항을 작성합니다. 없다면 작성하지 않아도 괜찮습니다.

### 경력은 성과 중심으로, 핵심만 작성합니다

앞에서도 말했듯이, 경력 기술서의 5가지 구성 요소 가운데 세 번째인 경력 사항에서는 '어떤 업무를 했다'가 아니라 '어떤 업무를 수행해서 어떤 성과를 냈다'를 보여 주는 것이 중요합니다. 어떤 업무를 했다는 사실만으로는 그 사람의 능력을 판단할 수 없기 때문입니다.

어떤 업무를 수행했으며 그 결과로 어떤 가치를 창출했는지를 구체적으로 설명해야 실제로 쌓은 역량을 드러낼 수 있습니다. 업무 성과는 수치로 표현할수록 설득력이 높아집니다. 이를 효과적으로 작성하려면 다음 4가지 포인트를 염두에 두어야 합니다.

> **업무 성과를 수치화할 때 중요한 4가지 포인트**
> ❶ 비용 절감 및 매출 효과
> ❷ 프로젝트에 따른 전년 대비 실적 증가, 비용 감소 등
> ❸ 문제 해결
> ❹ 목표 달성

❶ 비용 절감 및 매출 효과: 자신이 진행한 업무에서 비용 절감 또는 매출 증대에 직간접적으로 영향을 미친 경우(예: 효율적인 프로젝트 관리로 연간 비용 10% 절감 등)

❷ 프로젝트에 따른 전년 대비 실적 증가, 비용 감소 등: 자신이 참여하거나 주도한 프로젝트의 결과가 회사의 이익 증대에 영향을 미친 경우(예: ○○○ 프로젝트 기획을 주도하여 매출 15% 증가, 프로젝트 진행 방식을 개선해서 프로젝트별 평균 수행 기간 1개월 단축 등)

❸ 문제 해결: 회사 내의 문제를 해결하고 그것으로 성과를 도출한 경우(예: □□ 제도에서 발생한 문제를 개선하여 직원의 리텐션 향상에 기여 등)

❹ 목표 달성: 프로젝트에 참여해서 완수했거나, 어떤 업무를 수행해 목표를 달성한 경우(예: 전사 차원의 프로젝트를 기간 내 성공리에 완료)

업무의 특성에 따라 성과를 숫자로 표현하지 못하더라도 회사에 기여한 중요한 요소가 있다면 그 부분을 중심으로 작성합니다. 예를 들어 '경쟁사 분석 및 시장 동향을 파악해 기획에 반영'과 같이 자신의 업무 역할과 기여도 위주로 나열하는 것도 한 방법입니다.

이때 주의해야 할 점이 있습니다. 경력 기술서는 자신이 맡은 업무를 기반으로 작성해야 하므로 사실에 근거해야 합니다. 서류 심사에서 경력 기술서를 보고 업무에 적합할 것 같아 통과시켰는데, 자신이 하지 않은 업무 또는 성과를 과장하여 작성한 면접자도 종종 볼 수 있습니다. 서류 전형은 통과할 수 있지만 심층 면접이나 레퍼런스 체크 과정에서 사실과 다른 부분이 밝혀질 수밖에 없으므로, 경력 기술서는 실제 업무에서 성과를 낸 것을 중심으로 사실에 근거하여 작성해야 한다는 점을 잘 알아 두세요.

### 다른 사람의 경력 기술서도 참고해 보세요

연차가 낮을 때는 회사의 실적에 직접 기여하거나 성과를 달성한 경험이 많지 않을 수 있습니다. 그래서 경력 기술서를 작성할 때 어디서부터 시작해야 할지 몰라 막히곤 하는데요. '백 번 듣는 것보다 한 번 보는 것이 낫다'는 속담도 있고, '백문이 불여일견'이라는 말도 있죠. 고민이 될 때는 우선 다른 사람들이 작성한 경력 기술서를 참고해 보세요. 이때 인터넷에서 자료를 검색할 수도 있지만 주변 지인이나 동료들은 어떻게 했는지 물어보는 것도 방법입니다. 만약 경력 기술서 예시가 궁금하다면 오른쪽의 QR코드를 스캔해 살펴보세요.

경력 기술서 예시

---

**똑똑한 팀원의 알짜배기 정리**

★ 경력 기술서에는 수행한 업무와 성과, 직무 강점 등의 경력 사항을 구체적으로 포함하기

★ 경력 기술서는 사실에 기반해 정량·정성적인 근거로 작성하기

## 면접을 잘 보는 비결이 있나요?

**오늘의 목표**
☑ 자신감 있는 면접자로 거듭나기

회사에서 말을 잘하는 사람으로 보이려면 언어 능력뿐 아니라 업무 맥락을 이해하고 논리적으로 정리하며 상대방을 설득하는 능력까지 필요합니다. 내 능력을 보여 줘야 하는 면접 자리에서는 긴장해서 자신의 능력을 잘 보여 주기 어렵습니다. 지금 당장 이직할 계획이 없어서 면접을 볼 일이 없더라도, 평가나 발표 등 성과를 드러내야 하는 순간은 언제든 찾아옵니다. 이때 효과적으로 내 성과를 보여 주고, 이직의 기회가 찾아왔을 때 어떻게 준비해야 하는지 함께 살펴보겠습니다.

## 예상 질문을 생각하고 차분히 답하는 연습을 해보세요

한 채용 사이트에서 조사한 자료에 따르면, 구직자의 46%가 채용 절차 가운데 면접이 가장 어려웠다고 합니다. 그중 '면접관에게 어떤 질문을 받았을 때 가장 대답하기 어려웠는지' 묻는 조사에서는 해당 회사가 지원자를 뽑아야 하는 이유를 묻는 질문, 즉 자신의 강점을 소개하는 질문에 답하기가 어려웠다는 의견이 37.5%로 가장 높게 나타났습니다. 그다음으로 직무 전문성을 파악하는 질문에 답변하기 어려웠다는 의견이 32.2%로 뒤를 이었습니다.

면접은 단순한 일상 대화가 아니므로 면접자는 미리 준비해서 말로 상대방을 설득하고 자신이 직무에 적합한 사람이라는 것을 주장해야 합니다. 그래서 많은 사람에게 부담이 될 수밖에 없습니다. 즉, 나뿐만 아니라 대부분의 사람들에게 힘든 순간이라는 것이죠. 긴장하지 않고 면접관의 질문에 차분하게 답변한다면 좋은 결과로 이어질 수 있습니다.

**면접 질문 중 대답하기 가장 어려운 질문은?**

| 질문 | 비율 |
|---|---|
| 우리 회사가 지원자를 뽑아야 하는 이유 | 37.5% |
| 직무 관련 전문성/지식을 파악하기 위한 질문 | 32.2% |
| 지원 동기와 입사 후 포부에 대한 질문 | 25.9% |
| 이전 회사에서 퇴사한 사유 | 23.4% |

※ 잡코리아(남녀 구직자 730명 대상 조사, 2024년)

## 면접의 첫 시작, 자기소개를 준비하세요

면접의 첫 시작인 자기소개는 면접관에게 자신을 소개하는 첫 번째 기회입니다. 자신을 어떻게 표현하는가에 따라 첫인상이 결정되는 중요한 순간이기도 합니다. 그래서 단순히 내가 누구인지 기본정보만 전달하기보다 어떤 경험을 했고 어떤 강점이 있는지, 회사에 입사하고자 하는 포부를 포함하는 것이 좋습니다.

> **자기소개에 필요한 3가지 요소**
> ❶ 지원자의 정보
> ❷ 지원하는 업무의 경험 또는 업무상 강점
> ❸ 향후 포부

마케팅 기획에 지원하는 경력 4년 차 김그린 님의 자기소개를 예시로 들어보겠습니다.

김그린

(지원자의 정보)
안녕하세요, 저는 마케팅 기획 경력 4년 차의 김그린입니다.

(지원하는 업무의 경험/업무상 강점)
저는 데이터 기반의 소비자 분석과 창의적인 캠페인 기획에 강점이 있습니다. 지난해에는 소셜 미디어 캠페인을 기획하며 브랜드 인지도를 15% 이상 높이고, 신규 고객 유입률을 21% 증가시키는 성과를 달성하기도 했습니다. 저는 특히 소비자 트렌드를 빠르게 파악하고 이를 실행할 수 있는 전략으로 전환하는 데 자신이 있습니다.

(향후 포부) 제 능력과 항상 배우고자 하는 열정으로 귀사의 마케팅팀과 함께 새로운 가치를 창출하며, 목표 달성에 기여하고 싶습니다.

자기소개는 짧은 시간 안에 자신을 보여 줘야 하므로 핵심을 어떻게 전달할지 구체적으로 준비하는 것이 중요합니다. 지원하는 직무와 연결되는 경력, 성과, 강점을 1분 내외로 요약하고, '브랜드 인지도를 15% 높였다'처럼 수치로 표현해 면접관의 관심을 끄는 것이 효과적입니다. 이렇게 자기소개 내용을 미리 작성해서 연습해 두면 긴장되는 상황에서도 자연스럽게 말할 수 있습니다. 자기소개는 내용만큼이나 태도와 자신감 있는 전달 방식이 중요하다는 점을 기억하세요.

## 직무 관련 전문성은 STAR 구조로 답변하세요

자기소개를 마치고 나면 면접관들은 면접자에게 경력과 경험 위주로 질문을 합니다. 이 과정에서 자신이 경험한 내용과 결과를 구체적으로 설명하되, 핵심만 간결하게 전달하는 것이 좋습니다. 이때 활용할 수 있는 STAR 구조를 설명해 보겠습니다.

### STAR 구조

| 구분 | 내용 |
| --- | --- |
| Situation (상황) | • 당시 직면한 상황을 간결하고 명확하게 설명<br>• 경험한 계기나 배경 설명은 육하원칙에 따름 |
| Task (과제) | • 당시 상황에서 주어진 자신의 역할이나 목표 설명<br>• 해결해야 할 문제가 있었다면 설명 |
| Action (행동) | • 과제를 해결하기 위해 취한 구체적인 행동 또는 과정 설명<br>• 특히 자신이 기여한 것 중심으로 설명 |
| Result (결과) | • 숫자나 통계, 데이터를 활용해 노력한 결과와 성과, 배운 점 제시 |

상품개발팀의 기획 직군에서 일한 경력자가 신제품 런칭과 관련한 업무 경험을 설명하는 예시를 들어 STAR 구조를 살펴보겠습니다.

> 제가 이전 직장에서 맡았던 주요 프로젝트 중 하나는 신제품 런칭을 준비하는 것이었는데, 시장 점유율을 확대하기 위해 기존 고객뿐 아니라 새로운 고객층을 유입해야 했습니다. ◁ 상황(S)
> 당시 제 역할은 시장 분석을 기반으로 기획안을 작성하고, 유관 부서와 협업해 실행할 수 있는 전략을 제안하는 것이었습니다. ◁ 과제(T)
> 먼저 경쟁사의 시장 데이터를 조사하고, 소비자 설문조사를 진행하며 주요 트렌드를 파악해서 인사이트를 도출했습니다. 이후 최적화된 방향성을 도출하기 위해 팀원들과 워크숍을 열어 기획안을 구체화하고, 단계별 실행 계획을 수립했습니다. 또한 필요 시 관련 부서들과 협업하여 의견을 조율하고 필요한 예산을 배정받았습니다. ◁ 행동(A)
> 결과적으로 제안한 기획안대로 실행한 후, 신제품을 런칭한 첫 달 동안 목표 판매량의 120%를 달성했으며, 신규 고객 유입률도 전년 평균 대비 30% 증가했습니다. 이를 통해 회사의 매출뿐 아니라 A제품군의 시장 점유율을 3% 확대하는 데 기여했습니다. ◁ 결과(R)

마케팅 직군의 다른 예시를 하나 더 살펴보겠습니다. 면접관이 "어려운 프로젝트를 성공적으로 수행했던 경험을 말씀해 주세요"라고 질문했을 때를 가정하고 STAR 구조로 답변해 봅시다.

> 경쟁 업체들이 유사한 제품을 출시해서 주력 제품의 매출이 하락하는 상황이 발생했습니다. 이를 극복하기 위해 신제품 출시 프로젝트를 통해 성공적인 마케팅 전략을 수립해야 했습니다. ◁ 상황
> 당시 급박했던 상황이었고 주력 제품의 매출이 하락함에 따라 예산과 시간에 제한을 받았습니다. 저는 소비자 데이터 분석을 기반으로 마케팅 캠페인의 핵심 전략을 제안하고 팀원들과 세부 실행 방안을 수립해서 협의하는 역할을 맡았습니다. ◁ 과제

> 데이터를 분석하여 소비자 행동 패턴을 파악한 후, 그에 맞는 개인화된 고객 계층별 마케팅 메시지를 설계했습니다. 또한 프로젝트를 진행하면서 리뷰를 일정한 주기로 실시함으로써 발생할 수 있는 리스크를 예방하고, 유관 부서와 긴밀한 협업을 통해 마케팅 단계들이 유기적으로 연결되도록 조정했습니다. ← **행동**
>
> 결과적으로 마케팅 캠페인을 실시해서 고객 유입률을 목표 대비 초과 달성했고, 실제 전환율도 직전 연도 평균 대비 약 15% 향상되었습니다. 프로젝트를 진행하면서 전략 수립뿐 아니라 다양한 부서와 협업하는 업무를 빠르게 조율해야 했습니다. 이를 통해 신속하면서도 원활하게 커뮤니케이션하는 방법을 배울 수 있었습니다. ← **결과**

이렇듯 면접에서는 구체적인 성과와 자신이 기여한 바를 명확하게 전달되도록 구조화하여 논리적으로 답변하는 것이 좋습니다. 모든 경험에서 성공하면 좋겠지만, 성공하지 못한 경험도 당연히 있을 것입니다. 성공한 경험은 수치로 설명하고, 성공하지 못한 경험은 경험하며 배운 점을 통해 달라진 부분을 강조하며 앞으로 나아질 수 있음을 설명하는 것이 좋습니다.

### 이직 사유를 말할 때 험담, 부정적인 이야기는 지양합니다

면접에서 이직 혹은 퇴사 사유는 흔히 나오는 질문입니다. 부정적인 감정이나 경험으로 이직/퇴사를 했더라도 면접에서는 긍정적이고 미래 지향적으로 답변하는 것이 좋습니다. '상급자가 불합리했다' 혹은 '회사 분위기가 좋지 않았다'와 같이 이전 회사를 비난하면 면접관에게 '앞으로 입사해도 비슷한 문제가 생기면 또 그만두지 않을까?'라는 걱정을 갖게 할 수도 있습니다.

면접관으로서는 면접자가 입사한 후 금방 그만두지 않고 우리와 오래 일할 수 있을지, 우리 조직과 잘 맞을지 등을 중요하게 고려하기 때문입니다. 또한 전 직장에 대한 부정적인 언급은 자칫 감정적으로 성숙하지 못한 사람처럼 보이고 대인관계 능력 등에서 문제가 생길 수도 있다고 짐작하게 만듭니다. 이직을 준비할 때에는 다음 예시에서 제시한 사유를 참고해 보세요.

### 더 큰 성장과 도전

이전 직장에서도 많은 것을 배웠지만, 귀사가 추진하는 [프로젝트/사업 등]을 통해 제가 더욱 성장하고 회사에 기여할 수 있는 좋은 기회라고 판단하여 퇴사를 결정하게 되었습니다.

### 직무 변경 또는 전문성 강화

이전 직장에서는 [특정 업무] 중심으로 담당자들의 역할을 세분화했지만, 제 직무의 전문성을 강화하려면 [현재 지원 직무]와 같은 역할이 필요하다고 판단하였고, 이를 위해 이직을 결정했습니다.

### 업무 환경이나 커리어 전환

이전 회사의 경험은 매우 소중하지만, 제 커리어를 한 단계 더 발전시켜야겠다는 생각을 했습니다. 더 넓은 범위의 프로젝트를 경험하며 마케팅 사고뿐 아니라 전략적 사고까지 겸비하고 싶었습니다. 그동안 쌓아 온 경험을 바탕으로 새로운 [환경 또는 직무]에서 제 커리어를 확장하고 회사와 함께 성장하고 싶어 지원을 결정했습니다.

자신의 이직 사유를 너무 깊고 자세하게 이야기하기보다 왜 이직을 결정했는지, 만약 입사하면 맡을 역할을 얼마나 잘할 수 있는지를 전략적으로 설명하는 것이 중요합니다. 예를 들어 "개인 사정으로 잠시 시간을 갖고 제 경력을 재정비하는 시간을 가졌습니다. 그동안 많은 생각을 하며 누구보다 잘할 수 있는 새로운 환경에서 역량을 발휘할 힘과 마음을 준비해서 지원하게 되었습니다"처럼 개인적인 사유는 짧게 말하고, 마지막은 긍정적으로 답변하며 마무리 짓는 것이 좋습니다.

마지막으로 주의해야 할 것은, 이력서나 자기소개에 적은 퇴사 사유와 면접에서 말한 내용이 모순되지 않도록 해야 한다는 점입니다. 이력서에는 새로운 도전이라고 작성했지만, 실제 면접에서 급여 문제를 언급하는 등 다른 내용을 말한다면 면접관에게 신뢰를 잃을 수도 있습니다. 이런 실수는 하지 않도록 주의해야 합니다.

> **똑똑한 팀원의 알짜배기 정리**
>
> ★ 나의 정보, 업무상 강점, 포부는 자기소개에 꼭 포함하기
> ★ 전문성은 상황-과제-행동-결과의 STAR 구조로 자세히 답변하기

## 에필로그 | 한 발짝 더 성장한, 그리고 앞으로 더 성장할 여러분께

회사에서 일하는 동안 정말 많은 어려움이 있었을 겁니다. 늦게까지 보고서를 작성하며 고민했던 일, 손이 많이 가는 일을 묵묵히 처리했지만 누구도 알아주지 않아 서운했던 일 말이죠. 그렇다고 '왜 아무도 몰라줄까?' 하고 섭섭해하기보다 먼저 스스로 자신을 인정하고 칭찬해 주세요. 내 마음을 가장 잘 아는 사람은 결국 나 자신입니다. 회사생활이라는 긴 여정에서 자기 자신을 지켜 주는 힘은 바로 자기 확신에서 나옵니다.

혼자 감당하기 힘든 일이 있다면 동료나 선배와 나누어 보세요. 끝까지 혼자 해내는 것도 의미 있지만, 머리를 맞대면 더 좋은 결과를 만들어 낼 수 있습니다. 도움을 줄 수 있는 사람들이 곁에 있다는 사실만으로도 큰 힘이 되니, 주저하지 말고 먼저 다가가 보세요.

사람마다 성장 속도는 다릅니다. 누군가는 빠르게 배우고, 누군가는 천천히 익힙니다. 중요한 건 속도가 아니라 성장의 방향입니다. 실수했다고 해서 멈추기보다 배운 점을 기억하고 앞으로 나아가면 됩니다. 다른 사람의 속도를 억지로 따라가기보다 나만의 속도로 차근차근 걸어가면 결국 목표하는 곳에 도달할 수 있습니다.

시간이 지나면 어색했던 것도 익숙해 집니다. 불안했던 일도 자신감이 생기고, '이제는 할 수 있다'는 확신이 쌓입니다. 지금까지 잘 해왔듯 앞으로도 충분히 잘 해낼 수 있습니다. 여러분의 회사생활이 더 단단해질 수 있도록, 이 책이 그 여정에 작은 길잡이가 되기를 바랍니다.

**마케팅, 업무 활용 무엇이든**

# 된다! 시리즈
## 구체적으로 도와주는 책

### 된다! 네이버 블로그 상위 노출
내 글이 네이버 메인에 뜬다!
블로그 만들기부터 인플루언서 되기까지
꾸준히 검색되는 콘텐츠 글쓰기 기술

황윤정 지음 | 18,000원

### 된다! 실무 엑셀 파워포인트 워드&한글
기업, 관공서 20년 특강 노하우를 담았다!
진짜 실무를 알려 주는 오피스 프로그램 입문서!

한정희, 이충욱 지음 | 30,000원

### 된다! 최반장의 실무 엑셀 with 피벗 테이블
데이터 분석의 90%는 피벗으로 끝난다!
88개 무료 동영상 강의와 함께 배운다!!

최재완 지음 | 17,000원

### 된다! 엑셀 수식&함수
복잡한 수식의 원리부터 함수 설명까지!
109가지 실무 예제와 함께 배우는
'엑셀웍스'의 명품 강의!

정태호 지음 | 28,000원

### 된다! 하루 만에 끝내는 챗GPT 활용법
글쓰기, 영어 공부, 유튜브, 수익 창출까지!
인공지능에게 일 시키고 시간 버는 법

프롬프트 크리에이터 지음 | 20,000원

### 된다! 하루 5분 노션 활용법
4,000명 방문 포트폴리오의 비밀 공개!
하루 5분 기록으로 인생이 바뀐다!

이다슬 지음 | 16,800원

# 한 번 배우면
# 평생 시간 버는 입문서!

기획
+
디자인
+
프레젠테이션

2007·2010·2013
·2016·2019·오피스 365
모든 버전 사용 가능

김지훈·김봉정·박성용 지음 | 456쪽 | 19,500원

'프라미스'가 알려주는 비밀스런 **업무 기술**,
**능력자의 작업 환경**과 **고급 예제 대공개!**

★ 저작권 걱정 없이 쓸 수 있는 **65가지 디자인 서식** 제공!
★ 실무 현장에서 바로 응용해도 될 만큼의 **고급 예제**
★ **'빠른 실행 도구 모음'** 파일
★ 단축키를 외우지 않아도 바로 찾아볼 수 있는 **파워포인트 전 바탕 화면 이미지**까지!

**저자 모집**

'일 잘하는' 시리즈로 출간하고 싶은 원고나 아이디어를 기다립니다.

- www.easyspub.co.kr의 하단 [저자 신청] 메뉴 참조!